Huu Hung Huynh

Vidéosurveillance pour appartements intelligents

AF281018

Huu Hung Huynh

Vidéosurveillance pour appartements intelligents

Application à la détection de prise de médicaments

Presses Académiques Francophones

Imprint
Any brand names and product names mentioned in this book are subject to trademark, brand or patent protection and are trademarks or registered trademarks of their respective holders. The use of brand names, product names, common names, trade names, product descriptions etc. even without a particular marking in this work is in no way to be construed to mean that such names may be regarded as unrestricted in respect of trademark and brand protection legislation and could thus be used by anyone.

Cover image: www.ingimage.com

Publisher:
Presses Académiques Francophones
is a trademark of
International Book Market Service Ltd., member of OmniScriptum Publishing Group
17 Meldrum Street, Beau Bassin 71504, Mauritius

Printed at: see last page
ISBN: 978-3-8381-4950-9

Zugl. / Agréé par: Marseille, Université Aix-Marseille, 2010

À mes parents
À ma femme et ma fille
À tous ceux qui me sont chers,...

REMERCIEMENTS

Tout d'abord, je tiens à remercier Chafiaâ Hamitouche-Djabou et William Puech pour avoir accepté la tâche de rapporteur, pour la relecture attentive de ce mémoire ainsi que pour l'ensemble des remarques concrètes et constructives. Je remercie également tous les membres du jury d'avoir accepté d'assister à la présentation de ce travail.

J'adresse touts mes remerciements à mon directeur de thèse Marc Daniel, mon co-directeur de thèse Jean Meunier, Jean Sequeira pour les premiers échanges sur mon sujet de thèse, quand j'étais au Vietnam. Je leur suis extrêmement reconnaissant pour avoir dirigé mes recherches, pour leurs remarques, leurs critiques, leurs conseils constructifs, leur tolérance et pour toute l'énergie positive qu'ils ont su me transmettre dans les moments les plus durs. Ils ont été d'une aide très précieuse tout au long de cette thèse et ont été là pour tout le temps qu'ils ont pu me consacrer en jours, nuits, week-ends et vacances, à lire, à relire mes travaux, à répondre à toutes mes questions, particulièrement lors de la rédaction de ce mémoire.

Je tiens à remercier tout particulièrement et à témoigner toute ma reconnaissance à Jean Meunier pour son encadrement et financement à mon stage dans son laboratoire Traitement d'Image, à l'Université de Montréal (UdeM), à remercier mon gouvernement Vietnamien pour une bourse de recherche pendant trois ans.

Un grand merci à Sébastien Roy, pour l'expérience enrichissante, les tests sur l'équipements dans laboratoire Vision 3D, à l'UdeM.

Je remercie touts les thésards (anciens et actuels) de l'équipe I&M et SimGraph à ESIL, Marseille, France : Adrien, Mariette, Grégory, Guillaume, Jean-Christophe, Kheir-Eddine, Alaa, Cédric, Van, Khoi,... et les thésards du laboratoire Traitement d'Image et du laboratoire Vision 3D à UdeM, Montréal, Canada : Caroline, Mohamed, Edouard, Mélissa, Lucie, Vincent, Anh,... avec qui j'ai eu l'occasion de travailler, de partager le bureau, de passer les bons moments ensemble.

Je remercie également tous les autres membres de l'équipe I&M qui m'a accueilli et que j'ai eu la chance de côtoyer et avec lesquels j'ai été heureux de passer ces trois années.

Je n'oublie pas tous mes amis et amies qui ont été présents à mes côtés, je leur serai toujours reconnaissant : Tuan, Anh, Giang, Thuan, Hung, Phuc, Tram, Mai, Cuong, Phuong, Uyen, Thien,...

Un remerciement spécial à Hélène, pour sa gentillesse, sa sympathie, les soirées très agréables, les repas excellents dans une atmosphère familiale que je garderai longtemps en mémoire.

Pour finir, j'adresse ma gratitude à ma famille, ma femme, ma fille qui, malgré mon absence très longue, n'ont pas cessé de me montrer ses soutiens et ses encourages. Merci beaucoup, infiniment.

TABLE DES MATIÈRES

TABLE DES FIGURES

Liste des tableaux

LISTE DES ABRÉVIATIONS

2D :   Deux dimensions
3D :   Trois dimensions
ACI :   Analyse en Composantes Indépendantes
ACP :   Analyse en Composantes Principales
BN :   Bayesian Network
CCD :   Charged Coupled Device
CCTV :   Closed Circuit Television
CFG :   Context-Free grammar
CMOS :   Complementary Metal Oxide Semi-conductor
CMU :   Carnegie Mellon University
CMUPA :   Carnegie Mellon University Packet Architecture
CSS :   Curvature Scale Space
DBN :   Dynamic Bayesian Network
DTW :   Dynamic Time Warping
GMM :   mélange de gaussiennes (Gaussian Mixture Model)
IHM :   Image de l'Histoire des Mouvements
IP :   IP pour "Internet Protocol", les caméras IP correspondent à des caméras
              réseau
HMM :   Hidden Markov Model
kNN :   k-plus proches voisins (k-Nearest Neighbour)
LDS :   Linear Dynamic Systems
LLE :   Locally Linear Embedding
PETS :   Performance Evaluation of Tracking and Surveillance (système de vidéo
              surveillance)
LVQ :   Learning Vector Quantization
MIT :   Massachusset Institute of Technology
MLP :   Multi-Layer Perceptron
MoG :   Mixture of Gaussians
NCC :   Normalized Cross Correlation
OCU :   Operator Control Unit
RBF :   Radial Basis Function
SAD :   Sum of Absolute Differences
SCFG :   Stochastic Context-Free Grammar
SD :   Standard Deviation

SLDS :	Switching Linear Dynamic Systems
SOM :	Self Organizing Maps
SPU :	Sensor Processing Unit
SSD :	Sum of Squared Differences
SVM :	Support Vector Machines
TDNN :	Time Delay Neural Network
VSAM :	Visual Surveillance and Monitoring (système de vidéo surveillance)
VST :	Volume Spatio-Temporel
W^4 :	Who? When? Where? What? (système de vidéo surveillance)
ZSAD :	Zero-mean Sum of Absolute Differences
ZSSD :	Zero-mean Sum of Squared Differences
ZNCC :	Zero-mean Normalized Cross Correlation

CHAPITRE 1

INTRODUCTION

L'objectif de notre recherche est de déterminer la faisabilité d'un système de détection de prise de médicaments. Dans ce chapitre d'introduction, nous décrivons le contexte dans lequel ce projet s'inscrit, nos motivations et objectifs et les principales contributions de notre travail.

1.1 Contexte sociétal

La France et le Canada n'échappent pas au phénomène de vieillissement de la population constaté dans l'ensemble des pays industrialisés. L'augmentation de la proportion de personnes âgées de 60 ans et plus dans la population est d'environ 1,12 % en 10 ans, et en 2010, le nombre de personnes âgées de 60 ans et plus est d'environ 10 761 900 personnes en France [Pla et Beaumel, 2009].

D'après le calcul de Robert-Bobée [Robert-Bobée, 2007], en 2050, la France métropolitaine compterait entre 61 et 79 millions d'habitants selon les hypothèses de fécondité, de mortalité et de migrations retenues. Près d'un habitant sur trois aurait plus de 60 ans, contre un sur cinq en 2005. Les proportions de jeunes et de personnes actives diminueraient donc sensiblement. Au 1er janvier 2050, la France compterait alors sept habitants âgés de 60 ans ou plus pour dix habitants de 20 à 59 ans. Ce ratio aura presque doublé en 45 ans.

Aussi, une étude de l'Agence de santé publique du Canada [Turcotte et Schellenberg, 2006] estime qu'en 2016, la proportion de Canadiens de 65 ans et plus dans la population sera de 16% et passera à plus de 22% en 2041. En effet, le Canada assiste aussi actuellement à un vieillissement important de sa population.

L'augmentation de l'âge augmente les problèmes de santé, qui entraînent par conséquent une augmentation de la prise de médicaments et plusieurs études démontrent que les aînés (c.-à-d. les personnes âgées de 65 ans et plus) sont un groupe à risque élevé en ce qui a trait au mauvais usage des médicaments. En effet, de 18% à 50% des médicaments pris par les personnes âgées ne le sont pas de façon appropriée. L'impact est d'importance puisque entre 19% et 28% des hospitalisations de patients de plus de 50 ans sont dues à des problèmes de médicaments, dont 40% liées à la non-conformité aux indications [Turcotte et Schellenberg,

2006].

Les personnes âgées ne sont toutefois pas les seules à être à risque élevé lors de la prise de médicaments, les personnes ayant des troubles cognitifs le sont aussi. En 2003, on estimait que près de 18 millions de personnes étaient atteintes de démence dans le monde et que ce nombre allait grimper à 34 millions d'ici 2005 [Mihailidis et Fernie, 2002]. De ce nombre, environ 55% sont atteints de la maladie d'Alzheimer.

Les répercussions se font également sentir au niveau monétaire. En effet, des études ont estimé que les coûts engendrés par un usage non-conforme de médicaments sont, au Canada, de l'ordre de plusieurs milliards de dollars, soit un coût comparable à celui des maladies coronariennes. Le contrôle de la prise de médicaments semble donc indispensable et inévitable. Une étude effectuée par Statistique Canada [1] mentionne qu'en 1991, 28% de la population de 65 ans et plus vivait seule. De plus, la Société Alzheimer du Canada [2] rapporte que 50% des gens atteints d'une démence vivent à domicile ; 29% d'entre eux vivent seuls (34 800 personnes au Canada) et 2,4% n'ont aucun aidant naturel [3].

Les Établissement d'Hébergement pour les Personnes Âgées (EHPA) sont soit des maisons de retraite, soit des logements-foyers, soit des unités de soins de longue durée dans les hôpitaux. Ces établissements assurent essentiellement un hébergement de longue durée. D'après les données de Mesrine [Mesrine, 2003], les maisons de retraite en France offrent un peu plus de 430 000 places, les logements-foyers un peu moins de 160 000 places, les soins de longue durée un peu moins de 84 000 lits. En 2002, le nombre de places en établissements pour personnes âgées est en moyenne de 152 places installées pour 1 000 personnes âgées de 75 ans ou plus. Dans les années futures, l'écart entre les besoins de prise en charge des personnes âgées et le nombre de places en établissements deviendra encore plus important qu'il ne l'est actuellement.

Pour diminuer cette pression, le maintien à domicile des personnes âgées ou des personnes souffrant de troubles cognitifs semble être une bonne solution. Le maintien à domicile s'inscrit aussi dans une recherche d'amélioration des conditions de vie. Il permet notamment à la personne concernée de préserver au maximum ses liens familiaux et sociaux, de conserver un environnement familier, et de bénéficier d'un maximum d'indépendance.

Sachant que la technologie peut améliorer de manière décisive la qualité de vie des personnes âgées ou ayant une déficience mentale en leur permettant de rester chez elles plus longtemps et en leur offrant un suivi médical à la fois plus souple et plus efficace, nous nous

---

1. http ://www.statcan.gc.ca/

2. http ://www.alzheimer.ca/

3. Un aidant naturel au Canada se définit comme une personne qui dispense des soins et/ou du soutien à un membre de la famille, à un ami ou à un voisin qui possède un handicap physique ou mental, qui est un malade chronique ou dont la santé est précaire. http ://www.hc-sc.gc.ca/hcs-sss/home-domicile/caregiv-interven/index-fra.php

sommes intéressés dans cette thèse au problème du contrôle de la prise de médicaments. Ainsi le domaine de la vidéosurveillance a suscité beaucoup d'intérêt pour le soutien à domicile de ces personnes mais il n'a été que peu dirigé vers le contrôle de la prise de médicaments. Un système de vidéosurveillance autonome permettrait d'effectuer un contrôle de la médication dans les cas où la personne ne peut se fier à quelqu'un d'autre. En plus de réduire les risques pour la santé de la personne, ce système permettrait de rassurer les membres de la famille.

1.2 Motivation et objectifs

Le vieillissement de la population et ses conséquences sur la perte d'autonomie des personnes âgées s'annoncent comme l'un des défis majeurs de ce siècle. Il faut donc imaginer des moyens originaux pour améliorer la vie des personnes âgées confrontées, à leur domicile ou en établissement, à une perte progressive de leur autonomie.

Pour les personnes âgées dépendantes vivant seules à leur domicile, en sus des aides techniques simples telles que le déambulateur, le fauteuil roulant, la canne, le lit médicalisé ou le lève-malade, de nouvelles technologies d'assistance sont attendues afin d'apporter d'autres aides ou services adaptés à leur situation et à leur environnement.

Pour les personnes âgées encore indépendantes, vivant seules à leur domicile, mais dans une tranche d'âge où le risque de perte d'autonomie est élevé, il peut s'avérer nécessaire d'avoir un système de suivi pour observer l'évolution de leur niveau de dépendance et émettre une alerte en cas de perte d'autonomie. Si des limitations fonctionnelles sont détectées tôt, et sont suivies par des interventions appropriées, la personne âgée a des chances de récupérer les fonctions atteintes au lieu de les perdre et de restreindre ses activités [Cambois et Lièvre, 2004]. Ce système de suivi est aussi utile dans le cas des personnes âgées dépendantes parce qu'il détecte tout changement dans la situation de dépendance de la personne âgée afin de prévenir son référent le plus tôt possible. Le travail de notre thèse s'inscrit dans ce cadre.

De nombreux dispositifs d'assistance pour la prise de médicaments comme les piluliers électroniques [4] (figure 1.1) ont été développés, plusieurs fournissant un rappel verbal à l'utilisateur. Toutefois, la dépendance envers ces dispositifs est difficile à accepter et mène souvent à de la colère ou à l'abandon. Un autre problème avec ces dispositifs est que le système fournit des messages de sollicitation, qu'ils soient nécessaires ou non, et requiert souvent une interaction avec la personne, causant aussi des frustrations chez l'utilisateur. À l'inverse, un système de vidéosurveillance n'interférerait pas dans les habitudes de la personne puisqu'il serait utilisé à des fins d'assistance seulement, et n'interviendrait qu'en cas d'oubli. Cela explique pourquoi récemment, quelques recherches [Batz et al., 2005, Valin et al., 2006, Ammouri et Bilodeau, 2008] ont traité la détection de prise de médicaments par

---

4. http ://www.materielmedical.fr/

vidéosurveillance.

Figure 1.1. Pilulier électronique à compartiments

Afin de procéder à cette vérification de la prise de médicaments dans le contexte d'une personne vivant seule, un système complet doit :

1. Identifier la personne qui prend le médicament.

2. Détecter la prise du médicament.

3. Identifier le médicament pris.

4. Détecter la quantité prise de ce médicament.

5. Noter l'heure de prise du médicament et vérifier si cela respecte la prescription médicale.

Notre système se concentre sur les problèmes (2) et (3). Le problème (1) sera parmi les travaux futurs applicables à notre projet alors que le problème (4) est difficile à traiter s'il n'est pas possible de localiser et suivre les comprimés puisqu'ils sont presque toujours occultés par les doigts. Quant à la dernière étape, il s'agit d'un problème technique relativement facile à résoudre qui par conséquent ne sera pas discuté dans cette thèse.

1.3 Approche proposée

Notre système commence par filmer une scène dans laquelle un usager prend ses médicaments. Le fond de la scène est créé a priori, sans objet mobile. Pour chacune des images (trames), les objets mobiles sont détectés par la soustraction du fond. Ensuite, l'espace couleur *RGB normalisé* (*rgb*) avec des seuils prédéfinis est utilisé pour détecter les régions de couleur peau contenues dans cette séquence. Le visage est identifié par la détection des yeux parmi les régions de couleur peau, les autres régions sont alors considérées comme les mains de la personne. Pour suivre les régions de peau, nous utilisons la distance de déplacement minimum entre régions successives. La détection et le suivi des mains s'effectuent en exploitant les propriétés de contours. Dans notre étude, les flacons sont recouverts par des bandes de couleurs uniformes, pour faciliter l'identification et la localisation des bouteilles de médicaments par seuillage dans l'espace couleur *rgb*. Le suivi de ces derniers se base sur la distance à la couleur moyenne de chaque flacon. Nos algorithmes de localisation et de suivi des parties du corps et des bouteilles de médicaments sont ensuite appliqués pour la détection de l'activité humaine. Dans notre cas, nous avons proposé un model hiérarchique, de trois niveaux, afin de reconnaître la prise de médicaments. Une caméra stéréo est aussi proposée pour mieux estimer la distance en profondeur entre les objets apparaissant en contact (occultation partielle) avec une seule caméra, et par conséquence, préciser la reconnaissance de prise de médicaments.

1.4 Contribution

Notre contribution est essentiellement la réalisation d'un nouveau système de détection d'activité humaine qui est dans notre cas la prise de médicaments. Nous proposons une approche simple et efficace pour la détection, le suivi, qui permet un traitement en temps réel. De plus, l'approche hiérarchique pour la reconnaissance des activités de prise de médicaments permet de reconnaître des scénarios différents. Nous proposons aussi un modèle simple de calibration, qui permet d'estimer la profondeur des objets, et par conséquence de calculer la distance entre eux et décider si deux objets partiellement occultés sont en contact ou non.

Nous apportons dans cette thèse quatre contributions majeures :

- La première contribution est la détection et le suivi des objets en temps réel. La détection des régions de peau et la segmentation des flacons se font dans l'espace couleur rgb, par seuillage. Le suivi des régions de peau se fait en utilisant la distance minimum de déplacement entre images successives.
- La deuxième contribution est le traitement des occultations. La position de la région de main lors d'une occultation main-visage est déterminée par intersection d'histogrammes. La position des flacons occultés est déterminée par la distance minimale, par rapport aux autres objets visibles.
- La troisième contribution est une approche hiérarchique simple pour la reconnaissance robuste de la prise de médicaments.
- La quatrième contribution est une modèle de calibration, basé sur la disparité des objets, mesurée avec une caméra stéréo pour améliorer la reconnaissance des activités dans le contexte de prise de médicaments.

1.5 Organisation de la thèse

Le manuscrit est divisé en six chapitres. Nous décrivons brièvement ici le contenu de chacun des chapitres.

Chapitre 1 : Le but de ce chapitre est double : d'une part il annonce les problèmes de vieillissement de population dans les pays développés et le nécessité d'améliorer la condition de vie des aînés ; d'autre part, il présente nos contributions dans ce travail. *Chapitre 2* : Dans ce chapitre nous faisons un état de l'art des étapes d'un système de vidéosurveillance, qui sont : la détection d'objets en mouvement, le suivi d'objets et la reconnaissance d'activités. *Chapitre 3* : Le chapitre 3 décrit les recherches récentes de détection de prise de médicaments, et analyse les approches proposées par ces recherches. *Chapitre 4* : Le chapitre 4 est dédié à notre système mono-caméra pour la surveillance de la prise de médicaments ; la détection et le suivi se font en temps réel et la reconnaissance de prise de médicaments se fait de bas à haut niveau. *Chapitre 5* : Ce chapitre développe le travail présenté dans le chapitre 4, en utilisant une caméra stéréo. Nous proposons un modèle de calibration simple pour estimer la profondeur des objets occultés. Par vérification de la distance entre les objets occultés, en utilisant leur profondeur, nous pouvons décider si ces objets sont en contact ou non. *Chapitre 6* : La thèse se termine par une discussion des résultats et une perspective sur les travaux futurs envigeables pour poursuivre cette recherche, le tout suivi d'une conclusion générale.

2

VIDÉOSURVEILLANCE : ÉTAT DE L'ART

Dans ce chapitre, nous présentons une revue de la littérature sur la détection et le suivi des objets en mouvement. La suppression des ombres et le traitement des occultations entre les objets en mouvement sont aussi abordés dans ce chapitre. Par la suite, nous présentons diverses méthodes de reconnaissance des activités dans les séquences de vidéo.

2.1 Introduction

Ces temps-ci, les caméras sont partout : les espaces publics sont surveillés par plusieurs caméras afin d'augmenter l'ordre public et la sécurité, les propriétés privées sont protégées au moyen de caméras, et les magasins utilisent des caméras pour prévenir les vols. Plusieurs systèmes de vidéosurveillance (Closed Circuit Television - CCTV) sont installés tous les jours pour lutter contre la croissance du sentiment d'insécurité.

Pour utiliser efficacement des caméras de surveillance, l'opérateur doit regarder les images et répondre à des activités suspectes. Des opérateurs humains entraînés et expérimentés peuvent faire efficacement ce suivi, mais seulement pour un nombre limité de caméras simultanément, et seulement pour une période limitée de temps, car la concentration des opérateurs diminue avec le temps. Ils ne répondent alors pas rapidement à des événements importants ou pourraient même les manquer complètement [Norris et Armstrong, 1999, Weitenberg et al., 2003]. Pour la plupart des applications, regarder toutes les images des caméras est non seulement trop chère, mais aussi pratiquement impossible. Par conséquent, dans la vie pratique, seul un nombre limité de caméras est surveillé, les images d'autres caméras seront soit perdues, soit conservées pour référence ultérieurement. Cependant, stocker les images ne permet pas une action immédiate et peut causer des problèmes liés à la vie privée [Smeets, 2004].

Afin d'aider les opérateurs dans leurs tâches, des *"capteurs intelligents"* - qui fournissent des mesures et des services intelligents - peuvent être utilisés. Les capteurs intelligents peuvent prendre en charge des tâches fastidieuses telles que la surveillance de zones interdites, en gardant la trace des personnes observées et en détectant des schémas suspects de mouvement ou de comportement afin de prendre des décisions appropriées fondées sur cette

analyse de scène. L'opérateur est alerté quand il y a un écart par rapport à un comportement normal. Il prend la décision finale et l'action nécessaire. L'avantage de l'utilisation des
capteurs intelligents est qu'ils ne violent pas la vie privée des gens avec de bonnes intentions
puisqu'aucune image ne s'affiche à l'opérateur aussi longtemps que rien de suspect ne se
produit. Il y a trois tâches importantes dans un système de vidéosurveillance automatisé :
(1) la segmentation d'objets, (2) le suivi d'objets et (3) la reconnaissance de comportement.
La segmentation d'objets vise à extraire les objets mobiles. Cette tâche est difficile compte
tenu de l'existence du bruit dans la caméra, l'occultation d'objets, et des conditions instables
de l'environnement. Le suivi d'objets vise à étiqueter les objets de la scène et suivre leurs
propriétés à travers le temps. La tâche de reconnaissance de comportement reconnaît une
variété de comportements d'objets, comme une personne qui marche, court, imprime des
documents ou assiste à une réunion.

2.2 Algorithmes de vidéosurveillance

Dans leur cadre général pour la surveillance visuelle, Hu et al [Hu et al., 2004b] divisent
les applications de surveillance visuelle en cinq niveaux différents d'abstractions :

– Modélisation de l'environnement
– Segmentation des mouvements
– Classification d'objets
– Suivi d'objets
– Tâches de niveau supérieur

Les tâches des différents niveaux permettent de décrire et comprendre les comportements, autant qu'identifier les individus. Pour chaque niveau, il existe plusieurs algorithmes,
qui font l'objet de recherches actives. L'utilisation appropriée des algorithmes de différents
niveaux pour construire une application est un problème difficile. Cela devrait être fait de
telle manière que la bonne performance de chacun des différents niveaux soit combinée en
bonne performance globale. De plus, il devrait être facile pour le système de s'adapter à la
demande, lorsque l'environnement change ou si la scène est légèrement différente.

Les algorithmes des différents niveaux d'abstraction peuvent être combinés en utilisant
une structure, qui permet de s'adapter facilement aux tâches spécifiques. Il est nécessaire
d'avoir une structure, qui permet une décomposition structurée de l'application en algorithmes, modèles et connaissances a priori à différents niveaux d'abstraction. Dans une telle
structure, il est possible de remplacer des composantes sans altérer le reste de l'application.
Par conséquent, il est facile de réutiliser les méthodes existantes pour l'adaptation à des
besoins particuliers.

En même temps, une telle structure doit être conçue de sorte que de bons résultats sont obtenus, compte tenu de la performance des algorithmes de chaque niveau d'abstraction. La classification et la communication entre les différents éléments de la structure doivent être effectuées de façon solide. Plus haut est le niveau d'abstraction, plus la connaissance est disponible. Il est donc important de mettre cette connaissance de haut niveau à la disposition des niveaux inférieurs. La communication ne doit donc pas se limiter à transmettre les résultats des niveaux inférieurs aux composantes de niveau supérieur. Cette rétroaction permet de transférer des connaissances de niveau supérieur au niveau inférieur de l'abstraction. De cette façon, toutes les connaissances disponibles peuvent être utilisées dans la mise à jour des modèles de niveaux plus faibles et l'ajustement des paramètres dans les algorithmes.

2.3 Acquisition d'images

La surveillance visuelle, comme la plupart des algorithmes de vision par ordinateur, démarre avec une caméra. Pour une surveillance visuelle automatique, le choix entre caméra statique ou mobile est crucial, car la plupart des algorithmes conçus pour les caméras statiques ne peut pas directement être utilisée pour les vidéos capturées par les caméras mobiles, et le déplacement ajoute du flou. Un choix tout aussi important est celui entre capteurs couleurs et capteurs en niveaux gris. Les algorithmes conçus pour les caméras couleurs ne peuvent généralement pas être utilisés pour les caméras en niveaux gris.

2.3.1 Modèles de caméras et capteurs

Un capteur photographique est un composant électronique photosensible servant à convertir un rayonnement électromagnétique en un signal électrique analogique. Ce signal est ensuite amplifié, puis numérisé par un convertisseur analogique-numérique et enfin traité pour obtenir une image numérique.

Les capteurs utilisés pour la vidéo surveillance sont principalement de type *Charge Coupled Device* (CCD) ou *Complementary Metal Oxide Semiconductor* (CMOS). Les CCD sont surtout utilisés dans les appareils compact et de plus en plus délaissés dans les reflex. Les appareils reflex quant à eux, utilisent majoritairement des capteurs CMOS (en 2009).

Le CCD est le plus simple à fabriquer, a une bonne sensibilité, mais, du fait de son principe, le transfert de charge, est un peu lent par rapport au CMOS. Un CCD transforme les photons lumineux qu'il reçoit en paires électron-trou par effet photoélectrique dans le substrat semi-conducteur, puis collecte les électrons dans le puits de potentiel maintenu à chaque photosite. Le nombre d'électrons collectés est proportionnel à la quantité de lumière reçue.

Les capteurs CMOS sont apparus dans les années 1980, à la suite des matrices de photodiodes comme le résultat de l'intégration de cellule composée d'une photodiode et d'une logique d'amplification puis d'obturation. Ils sont plus complexes à fabriquer mais sont produits selon des techniques classiques de micro-électroniques et de ce fait peuvent avoir des dimensions importantes (24 mégapixels).

Les capteurs CCD possèdent des avantages par rapport aux capteurs CMOS :
– Une meilleure linéarité car moins de dispersion dans les convertisseurs analogique-numérique ; les CMOS ont un convertisseur par pixel dont la dispersion augmente avec la miniaturisation ;
– Un plus faible niveau de bruit du fait du moins grand nombre d'éléments par capteur à définition égale ;
– La surface participant à la capture de photons est proportionnellement plus élevée : les capteurs CMOS sont "encombrés"
– par trois à six transistors - amplification et logique d'obturation (shuttering) rapide ; et donc un avantage au CCD pour la qualité des noirs et faibles lumières.

Néanmoins, les inconvénients de CCD sont :
– L'électronique associée au CCD est plus complexe avec notamment la nécessité d'horloges multiples pour piloter le transfert de charges et de tensions élevées (8 V pour les horloges et même 40 V pour l'obturation des CCD interligne).
– Génère plus d'électricité statique qui les rendent plus sensible aux poussières.

Pour plusieurs algorithmes de vision par ordinateur, surtout en surveillance visuelle, il est important d'avoir un modèle pour le processus d'imagerie et le bruit temporel d'image. Par exemple : un modèle linéaire d'intensité avec *"gain et biais"* est utilisé afin de dériver des équations pour la correction des variations temporelles d'intensité pour la compression d'image [Kamikura et al., 1998], un modèle linéaire d'intensité associé à un modèle non-linéaire pour les distorsions de lentille est utilisée pour le calcul de flux optique [Altunbasak et al., 2003] ; un modèle du bruit additif de caméra est utilisé pour définir le seuil de détection d'objets mobiles [Xie et al., 2004] et un modèle de bruit additif avec un modèle linéaire d'intensité est utilisé pour obtenir un test statistique pour la détection d'objets [Ohta, 2001]. Chaque auteur utilise un modèle, qui correspond à ses besoins. Cependant, peu de travaux sont effectués sur les questions de la précision des modèles pour une caméra spécifique et quelle est l'importance des différentes composantes du modèle.

2.3.2 Changement d'intensité globale

Les caméras CCD ou CMOS ont une gamme (*range*) dynamique limitée. Toute valeur en dehors de cette gamme sera imaginée comme noire ou blanche. Par conséquent, une illumination constante est très importante pour utiliser ces caméras. Ce n'est généralement pas possible pour les scènes extérieures et la plupart des scènes d'intérieur avec fenêtres. Plusieurs caméras de surveillance sont équipées d'un contrôle automatique de leur gain (*automatic gain control*) pour s'adapter aux changements d'illumination. L'apparence peut être contrôlée en ajustant le gain, le temps de pose (ou *vitesse d'obturation*), l'iris de la caméra ou une combinaison de ces éléments. L'utilisation d'un traitement automatique peut cependant souvent causer des problèmes sous la forme de changement global indésirable de l'intensité. Par exemple, un problème se produit quand un groupe de personnes avec des vêtements sombres entre dans une scène avec un fond clair (figure 2.1). Le changement global sur les statistiques d'image entraînera le contrôle de gain à adapter l'intensité, même si l'éclairage de l'arrière-plan statique n'a pas changé. Cela conduira à une modification de l'apparence de l'arrière-plan, entraînant des problèmes pour les algorithmes qui suppose un arrière-plan statique.

Trame 220   Trame 260

Figure 2.1. Deux trames capturées par une caméra avec correction automatique du gain [Withagen, 2006].

2.4 Détection d'objets en mouvement

L'identification des objets en mouvement est une tâche critique pour de nombreuses applications de vision par ordinateur. Elle fournit une classification des pixels, soit en avant-plan (mobile) ou arrière-plan (statique). La détection des régions qui correspondent aux objets en mouvement tel que les personnes et les véhicules dans les vidéos est une étape essentielle de presque tous les systèmes de vision, car elle fournit des régions d'intérêt et simplifie le traitement sur les étapes d'analyse subséquentes. En raison des changements dynamiques dans des scènes naturelles telles que le changement soudain d'illumination ou les changements d'environnement (nuage, température), les mouvements répétitifs (les feuilles des arbres se déplaçant sous le vent), etc. la détection de mouvement est un problème difficile à traiter de façon fiable. Les techniques les plus utilisées pour la détection d'objets en mouvement sont la soustraction du fond, diverses méthodes statistiques, la différenciation

11

temporelle et le flux optique dont les descriptions sont données ci-dessous.

2.4.1 Soustraction du fond

La soustraction du fond est une technique couramment utilisée pour la segmentation du mouvement dans des scènes statiques [Mcivor, 2000]. Elle est utilisée pour détecter des régions en mouvement en soustrayant l'image actuelle, pixel par pixel, par rapport à une image référence d'arrière-plan (par exemple, la moyenne des images, qui est créée dans une période d'initialisation). Les pixels dont la différence est supérieure à un seuil sont considérés comme avant-plan. Après avoir créé un masque d'avant-plan, certaines opérations morphologiques de post-traitement telles que l'érosion, la dilatation et la fermeture sont réalisées pour réduire les effets du bruit et renforcer les régions détectées. Le fond de référence est aussi mis à jour avec de nouvelles images, avec le temps, pour s'adapter aux changements dynamiques de scène.

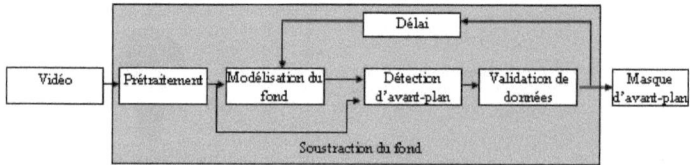

Figure 2.2. Schéma d'un algorithme générique de soustraction du fond.

Il existe des approches différentes par rapport à ce schéma de soustraction de fond en termes de détection des régions d'avant-plan, mise à jour de l'arrière-plan et pré/post-traitement. Heikkilä et al. [Heikkilä et Silvén, 1999] utilisent la version simple de ce schéma où un pixel de coordonnées (x, y) dans l'image courante I_t, est marqué comme avant-plan si :

$$|I_t(x,y) - B_t(x,y)| > \tau \qquad (2.1)$$

est satisfaite, où τ est un seuil prédéfini. L'image de fond B_t est mise à jour par l'utilisation d'un filtre de réponse impulsionnelle infinie comme suit :

$$B_{t+1} = \alpha I_t + (1 - \alpha) B_t \qquad (2.2)$$

où α est le taux d'adaptation du modèle actuel par rapport à la nouvelle observation. Pour améliorer les résultats, la mise à jour n'est faite que pour les pixels n'appartenant pas à des objets mobiles dans l'image courante I_t. La création de la carte d'avant-plan est suivie par une fermeture morphologique et l'élimination des régions de petite taille.

Bien que les techniques de soustraction du fond exécutent bien l'extraction de la plupart des pixels pertinents des régions en mouvement (même s'ils s'arrêtent), ils sont généralement sensibles à des changements dynamiques tels que l'éclairage ou liées au mouvement ou au changement de fond, ainsi que le bruit de caméra.

Des méthodes plus perfectionnées qui utilisent les caractéristiques statistiques de chacun des pixels ont été développées pour surmonter les défauts des méthodes de base de soustraction du fond. Ces méthodes statistiques sont principalement inspirées par les méthodes de soustraction de fond, qui font la mise à jour dynamiquement des statistiques de pixels qui appartiennent à l'image de fond. Les pixels d'avant-plan sont identifiés en comparant chaque pixel avec les statistiques du modèle de fond. Cette approche est de plus en plus populaire grâce à sa fiabilité dans des scènes qui contiennent du bruit, des changements d'illumination et de l'ombre [Wang et al., 2003].

2.4.1.1 Gaussienne simple

Une des techniques statistiques de soustraction du fond consiste à calculer l'arrière-plan à partir d'une image moyenne avec écart-type de la scène pour chaque pixel (avant l'arrivée d'objets mobiles). En soustrayant chaque nouvelle image de cette image moyenne et en utilisant un seuillage basé sur l'écart-type nous obtenons les objets mobiles. Ce modèle gaussien peut s'adapter aux lents changements de la scène (par exemple, des changements progressifs d'illumination), en mettant à jour de façon récursive le modèle en utilisant un filtre adaptatif simple. Ce modèle est utilisé dans [Wren et al., 1997]; aussi, un filtre de Kalman pour l'adaptation est utilisée dans [Karmann et al., 1990, Koller et al., 1994]. La principale caractéristique de la modélisation de la distribution de probabilité de l'intensité des pixels qui la différencie des autres moyens tels que des filtres de prédiction, est qu'elle ignore l'ordre dans lequel les observations sont faites et se concentre sur la distribution des intensités des pixels [Remagnino et al., 1997].

Jabri et al. [Jabri et al., 2000] utilisent une approche plus complexe qui modélise l'arrière-plan en deux parties distinctes, le modèle de couleur et le modèle de contours. Pour chaque canal de couleur, chaque pixel est représenté par sa moyenne et son écart-type. Le modèle de contours est construit en appliquant l'opérateur Sobel à chaque canal de couleur, donnant une image de différence horizontale et une image de différence verticale. La moyenne et l'écart-type de ce modèle contours sont calculés comme dans le modèle de couleur. Par la soustraction de l'image courante, pour chaque canal de couleur, des cartes de confiance sont générées pour les deux informations : couleurs et contours. Après cela, une combinaison des cartes est utilisée en prenant les valeurs maximales. À la sortie, une étape de seuillage hystérésis est alors appliquée pour éliminer les faux positifs en éliminant tous les composants

13

qui ne sont pas reliés à une région de confiance à 100%. Ce modèle est utilisé pour localiser des changements dans la structure de la scène, étant donné l'apparition, la disparition des bords ou le changement de direction. Cependant, leur méthode ne peut pas faire face à des changements brusques d'illumination. Par ailleurs, cet algorithme ne présente pas une solution au problème de déplacement d'objets de fond [Javed et al., 2002].

2.4.1.2 Mélange de Gaussiennes (*Mixture of Gaussians - MoG*)

Le fond de la scène contient souvent des objets non statiques comme les branches d'arbres et d'arbustes dont le mouvement dépend du vent dans la scène. Ce genre de mouvement de fond provoque considérablement la variation d'intensité des pixels, donc la représentation d'intensité des pixels par une gaussienne simple ne tiendra pas compte de cette situation. Au lieu de cela, une généralisation à partir d'un mélange de Gaussiennes a été d'abord proposé par [Grimson et al., 1998] et a été utilisé dans [Stauffer et Grimson, 1999, Doretto et al., 2003] pour modéliser de telles variations d'arrière-plan complexes, et non statiques [Stauffer et Grimson, 1999, Harville, 2002].

Stauffer et al. [Stauffer et Grimson, 2000] modélisent le fond par un mélange de Gaussiennes. Chaque pixel est comparé à l'ensemble des modèles existants à cet endroit pour trouver une correspondance (matching). Les paramètres de modèle correspondant sont mis à jour basés sur un facteur d'apprentissage. Si aucune correspondance n'est trouvée, le modèle le moins probable est éliminé et remplacé par une nouvelle gaussienne avec les statistiques initialisées par les valeurs du pixel actuel.

Javed et al. [Javed et al., 2002] utilisent aussi un mélange gaussien, mais légèrement différent de la version présentée par Stauffer et al. [Stauffer et Grimson, 2000] pour effectuer une soustraction du fond dans le domaine de couleur, où la matrice de covariance est supposée être diagonale pour réduire le coût calculatoire. L'approximation K-moyennes de l'algorithme EM est utilisée pour mettre à jour le modèle de mélange.

Cependant, le mélange de Gaussiennes a des inconvénients. Premièrement, il est intensif en calcul et ses paramètres nécessitent un réglage adéquat. Deuxièmement, il est très sensible aux changements brusques dans l'illumination globale. Si une scène reste stationnaire pendant une longue période de temps, les variances des éléments de fond peuvent devenir très petites. Un changement soudain de l'illumination globale peut alors rendre la trame entière en premier plan. L'arrière-plan avec des variations rapides ne peut être modélisé précisément avec peu de gaussiennes, de sorte qu'il ne parvient pas à assurer une détection sensible [Lambert et al., 1999, Lee et al., 2003]. De plus, lorsque des objets d'avant-plan sont inclus dans les trames d'entraînement, le mélange de Gaussiennes donnera des résultats erronés [Toyama et al., 1999]. En outre, avec le taux d'apprentissage pour s'adapter aux changements de fond, le mélange de Gaussiennes fait face à un problème de compromis. Pour un faible taux d'apprentissage, il produit un modèle imprécis qui a une basse sensibilité de détection, en mesure de détecter un changement soudain du fond. D'autre part, si le modèle s'adapte trop vite, les lents mouvements d'avant-plan seront absorbés dans le modèle de fond, résultant en un haut taux de faux négatifs. C'est le problème d'ouverture d'avant-plan décrit dans [Toyama et al., 1999]. Cependant, le mélange de Gaussiennes maintient une fonction de densité pour chaque pixel. Ainsi, il est capable de gérer les distributions multi-modales. D'autre part, puisque le mélange de Gaussiennes est paramétrique, les paramètres du modèle peuvent être mis à jour de façon adaptative sans tenir compte d'un gros tampon de trames vidéo.

2.4.1.3 Différenciation temporelle

Contrairement à la soustraction du fond, la différenciation temporelle détecte les régions en mouvement en faisant la différence des trames consécutives (deux ou trois), pixel par pixel, dans une séquence vidéo. Cette méthode est très adaptative pour les changements dynamiques de scène, en revanche, elle échoue généralement à détecter les pixels de certains types d'objets en mouvement. Un exemple de détection inexacte d'objet en mouvement est montré dans la figure 2.3. La différenciation temporelle échoue à extraire correctement les pixels dans la région mono couleur en mouvement à gauche (personne habillée de vêtements sombres). En outre, cette méthode échoue à détecter des objets arrêtés dans la scène. D'autres méthodes doivent donc être adoptées en vue de traiter ces situations

(a)   (b)

Figure 2.3. La différenciation temporelle. (a) Une scène avec deux objets en mouvement. (b) La différenciation échoue à détecter tous les pixels de l'objet à gauche puisqu'il est uniforme de couleur. Les régions en mouvement sont marquées en rouge [Dedeoglu, 2004].

Lipton et al. [Lipton et al., 1998] présentent un modèle de différenciation de deux trames, où les pixels satisfaisant l'équation suivante sont marqués comme pixels d'avant-plan.

$$|I_t(x, y) - I_{t-1}(x, y)| > \tau \qquad (2.3)$$

Dans certains cas, la différenciation de trois trames peut être utilisée [Wang et al., 2003]. Par exemple, Collins et al. [Collins et al., 2000] développent une méthode hybride qui combine différenciation de trois trames avec un modèle adaptatif de soustraction du fond pour leur projet VSAM (voir section **??**). L'algorithme hybride segmente avec succès les régions en mouvement dans la vidéo, sans les défauts de différenciation temporelle et de soustraction du fond.

2.4.2 Flux optique

La technique de flux optique peut segmenter les objets en mouvement à partir d'une caméra mobile (figure 2.4) ou statique. Les vecteurs de flux sont utilisés pour diviser l'image en segments de mouvement égal. Le mouvement de fond sera différent de celui des objets en mouvement, et donc, les objets en mouvement pourront être segmentés de l'arrière-plan. Une discussion plus approfondie sur le flux optique est présentée dans [Barron et al., 1994, Dev, 1998].

Figure 2.4. Cette figure montre une image avec ses vecteurs de flux optique [Withagen, 2006].

La complexité calculatoire des techniques de flux optique est élevée, et donc la mise en œuvre en temps réel est difficile ou coûteuse. Dès que les objets en mouvement sont segmentés, il suffit d'attribuer les pixels correspondants à l'objet. Pour la détection de nouveaux objets, on peut recourir à un calcul global de flux optique, qui peut être fait à une résolution inférieure ou moins fréquemment. En plus de la complexité calculatoire, un autre inconvénient important du flux optique dans les applications de surveillance est que le flux n'est pas toujours correct. Il n'est pas défini aux bords de l'objet en raison de lissage dans le calcul du flux optique. Cela provoque des erreurs de segmentation. Le flux à l'intérieur d'objets peut aussi être erroné. Pour les régions homogènes, comme les régions uniforme d'une voiture par exemple, le flux sera zéro à moins d'introduire des contraintes de lissage (qui peuvent engendrer d'autres erreurs).

2.4.3 Suppression d'ombres

L'ombre se produit quand un objet occulte partiellement ou totalement la lumière directe à partir d'une source d'éclairage. Du point de vue structuré, les ombres peuvent être divisées en deux catégories : les ombres portées et les auto-ombres. Une ombre portée est projetée par l'objet dans la direction opposée à la source lumineuse, pendant qu'une auto ombre est la partie de l'objet qui n'est pas éclairée par la lumière directe. Du point de vue de la visibilité, les ombres peuvent aussi être divisées en deux classes : ombres et pénombres, selon que la source lumineuse est entièrement ou partiellement bloquée par l'objet.

La présence des ombres dans une image peut modifier le perçu de la forme et la couleur de l'objet et donc nuire à la segmentation. Afin de tirer les propriétés pertinentes de l'ombre, le problème de la segmentation d'ombre a été de plus en plus étudié dans les années passées [Horprasert et al., 1999, Cucchiara et al., 2003, Nadimi et Bhanu, 2004]. La plupart des méthodes existantes pour la détection d'ombre exploitent l'information provenant de changements d'apparence de pixel en présence d'ombres. Ils peuvent être classés en méthode fondée sur un modèle ou méthode sans modèle [Prati et al., 2003]. Les techniques fondées sur un modèle comptent sur des modèles représentant la connaissance a priori de la géométrie de la scène, d'objets, et d'illumination. D'autre part, les méthodes sans modèle détectent les ombres en utilisant les propriétés spectrales, spatiales et temporelles [Horprasert et al., 1999, Cucchiara et al., 2003]. Une étude comparative de ces méthodes est présentée dans [Prati et al., 2003].

2.4.3.1 Modèles et descripteurs pour la détection d'ombre

La plupart des auteurs utilisent la connaissance que la région de l'ombre doit avoir une plus faible intensité que la même région sans ombre. Grâce à cette observation, un détecteur d'ombre faible est défini par trois paramètres : le maximum de changement de couleur autorisé, le minimum et le maximum d'atténuation d'éclairage. La figure 2.5 représente la distorsion d'éclairage du pixel de l'ombre.

Salvador et al. [Salvador et al., 2004] exploitent cette hypothèse pour détecter les régions d'ombre. Des éléments géométriques comme la frontière ombre-fond et la frontière ombre-objet sont vérifiés pour s'assurer de l'existence d'ombres dans les images dans un environnement contraint et simple.

La transformation linéaire pour décrire la réduction de l'intensité de pixel dans les régions de l'ombre est décrite dans [Mikic et al., 2000]. Les pixels dans l'image qui subissent des réductions d'illumination s'adaptant bien au modèle linéaire sont alors identifiés comme pixels d'ombre. Les coefficients de transformation linéaire sont statistiquement estimés sur une région spatiale.

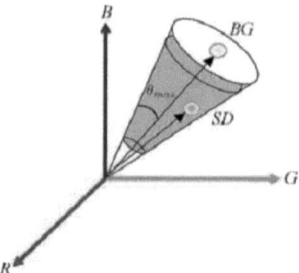

Figure 2.5. La détection d'ombre faible : l'ombre faible est définie comme un volume conique autour de la couleur de pixel correspondant au fond [Huang et Chen, 2009].

Horprasert et al. [Horprasert et al., 1999] présentent une autre méthode de soustraction du fond et de détection d'ombres. Dans leur méthode, chaque pixel est représenté par un modèle de couleur qui sépare la luminosité de la chromaticité. Un pixel donné est classé en quatre catégories différentes (fond, ombre, fond claire et objet en mouvement) en calculant la distorsion de luminosité et de chromaticité entre les pixels de l'image de fond et l'image actuelle. Les coefficients de la transformation linéaire sont mis à jour de manière adaptative. Cependant, l'initialisation correcte de ces coefficients demande encore l'attention humaine.

Comme [Horprasert et al., 1999], l'approche décrite par McKenna et al. [McKenna et al., 2000b] utilise la chromaticité mais ajoute aussi l'information de gradient pour traiter les ombres. Ils utilisent l'observation qu'une zone d'ombre portée change plus significativement dans l'intensité que dans la chromaticité. Ils utilisent également l'information de gradient des régions en mouvement pour assurer la fiabilité de leur méthode dans les cas ambigus.

Une méthode de détection d'ombre portée en temps réel, pour les applications de vidéo-conférence est proposée dans [Schreer et al., 2002]. L'algorithme utilise l'information de couleur dans l'espace YUV afin d'éviter le temps intensif de calcul dans la transformation de couleur. Les auteurs ont observé que les valeurs YUV d'un pixel d'ombre diminuent de façon linéaire par rapport au même pixel sous la lumière. Cette observation est utilisée pour la détection et suppression d'ombres des objets segmentés. L'intensité, la teinte et la saturation sont exploitées dans [Cucchiara et al., 2003] pour détecter les ombres portées en mouvement. La détection est aussi basée sur l'observation que les ombres changent sensiblement la luminosité d'une zone, sans modifier significativement les informations de couleur. La figure 2.6 représente un exemple de détection d'ombre portée, avec les espaces de couleur différents.

L'information de contours et de texture a été exploitée plus récemment dans [Stauder et al., 1999] pour détecter les régions de fond qui sont couvertes ou non couvertes par une

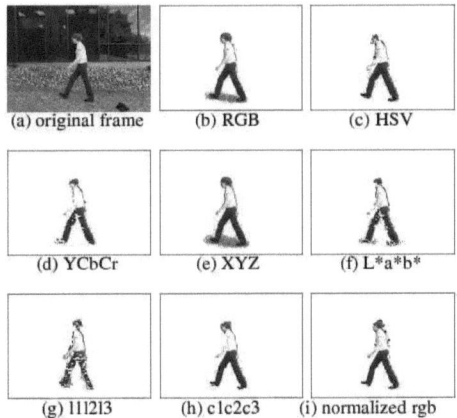

Figure 2.6. La suppression d'ombre portée avec les espaces de couleur différents [Shan et al., 2007b].

ombre portée en mouvement. Les contours statiques et les changements uniformes d'ombres dans la texture de fond sont recherchés dans le temps. Une classification des bords de couleur au moyen d'éléments photométriques invariant dans les contours géométriques et ombre, contours de fond, contours d'objet est proposé dans [Gevers et Stokman, 2003]. L'espace de ratio-couleur est défini avec deux composantes : $arctang(R/B)$ et $arctang(G/B)$. Les contours des objets et d'ombre sont identifiés aux points où les gradients sont très petits dans l'espace de ratio-couleur, mais les gradients dans l'espace de couleur RGB sont supérieurs à un seuil prédéterminé.

Dans [Funka-Lea et Bajcsy, 1995], l'information géométrique de la direction de la source lumineuse est combinée avec les informations de couleur pour détecter les ombres portées. Une limitation de la méthode est qu'elle exige un processus actif pour déterminer l'emplacement de la source lumineuse. L'approche proposée dans [Pinel et Nicolas, 2001] permet de surmonter cette limitation en présentant une méthode pour estimer la projection de direction de la source lumineuse dans l'image 2D. La direction estimée est utilisée pour guider le processus de détection d'ombre portée.

Les méthodes fondées sur un modèle sont conçues pour décrire les ombres en utilisant des modèles physiques et statistiques. Nadimi et al. [Nadimi et Bhanu, 2004] utilisent un mélange de Gaussiennes pour la modélisation des pixels d'objets, d'ombres et d'arrière-plan. L'algorithme est initialisé en commençant par une collection de t trames initiales, et alors l'estimation des paramètres du mélange pour chaque pixel est fait par une technique de classification K-moyennes.

2.4.3.2   Conclusion pour les approches de détection d'ombre

Bien que de nombreuses approches ont été développées pour la détection des ombres, il n'y a pas de méthode généralement acceptée pour détecter les ombres dans les séquences d'images. Comme l'analyse présentée dans [Prati et al., 2003], des approches différentes de détection d'ombre devraient être prises pour aborder différents types de scènes. Comme discuté ci-dessus, la plupart des méthodes utilise les caractéristiques spectrales, telles que l'intensité, la chromaticité, la teinte ou la saturation pour identifier les pixels de l'ombre. Ces caractéristiques sur une zone d'ombre peuvent changer dans diverses circonstances. Par exemple, l'ombre portée par un gros véhicule comme un autobus peut être légèrement plus foncée que celle d'un petit véhicule dans les scènes de circulation réelles. L'éclairage de la scène change aussi temporellement quand un nuage bloque le soleil. En outre, de nombreuses méthodes emploient des seuils statiques ou adaptatifs qui sont plus ou moins sensibles, ce qui est peu pratique à utiliser.

2.5   Suivi et classification d'objets

Les objets détectés peuvent être suivis et/ou classifiés. L'ordre de ces deux tâches dépend de l'application. Si les objets sont connus à l'avance, souvent la classification d'objet est effectuée en premier. Cela peut être plus efficace et robuste. Une fausse détection ne sera pas classée comme un des objets connus, et par conséquent, ne sera pas suivie. Aussi, les objets qui ont été divisés en plusieurs détections peuvent être regroupés par le processus de reconnaissance, car un seul objet doit être suivi. Enfin, une fois la classe d'objets connue, des informations sur la classe d'objets peuvent être utilisées dans l'algorithme de suivi. Par exemple, la vitesse maximale des véhicules diffère sensiblement de celle des humains. Des exemples de suivi d'objets connus sont le suivi des mains [Isard et Blake, 1998b], les corps rigides [Lipton et al., 1998, Polat et al., 2003] et les personnes [Wren et al., 1997, Haritaoglu et al., 2000].

Les approches qui font d'abord le suivi et ensuite la classification sont plus flexibles. Tous les objets en mouvement peuvent être suivis, y compris ceux non spécifiés dans l'une des classes d'objets. Cela permet d'initialiser un suivi avant que l'objet soit entièrement visible, par exemple quand une personne entre dans une scène derrière une voiture immobile. Dans cette approche, de meilleurs résultats de classification peuvent être obtenus parce que l'information de mouvement peut être utilisée dans le processus de classification. Quelques exemples de suivi avant la classification sont présentés dans [Stringa et Regazzoni, 2000, Theil et al., 2000].

2.5.1 Suivi d'objet

Deux aspects indissociables et duaux coexistent dans le problème du suivi d'objets : l'apparence de l'objet connaissant sa localisation et la localisation de l'objet connaissant son apparence. Le premier cas concerne la représentation informatique des objets tandis que le second cas concerne l'utilisation de cette représentation dans un objectif de localisation. Les approches de suivi fondées sur l'apparence de l'objet diffèrent principalement entre elles par la manière d'aborder les questions suivantes : quelle représentation d'objet convient pour le suivi ? Quelles primitives doivent être utilisées ? Comment modéliser le mouvement, l'apparence et la forme de l'objet ? Quelles mesures de similarité doivent être utilisées pour reconnaître l'objet au cours de la séquence ? Les réponses possibles à ces questions dépendent du contexte dans lequel le suivi est réalisé.

Le choix d'un modèle d'apparence est un des problèmes centraux du suivi visuel d'objet. Il consiste à choisir une représentation pertinente de l'objet, donnant naissance à des primitives visuelles significatives et fiables qui décrivent le contenu visuel de l'objet, permettant de reconnaître cet objet au cours du temps, malgré des changements des conditions environnementales et des variations de l'apparence de l'objet. Les primitives visuelles sont souvent basées sur la couleur, la forme, la texture, le mouvement ou une combinaison de ces attributs. L'un des principaux facteurs qui limite la performance des algorithmes de suivi visuel est la capacité du modèle à rester valide lorsque l'apparence change rapidement. L'absence de cette adaptation peut en effet entraîner une localisation erronée.

2.5.2 Représentation d'objets

Dans un scénario de suivi, un objet peut être défini comme tout ce qui est d'intérêt pour une analyse ultérieure. Les objets peuvent être représentés par leurs formes et apparences. Dans cette section, nous allons d'abord décrire les représentations de la forme d'objet généralement employées pour le suivi, puis aborder la représentation combinée de la forme et de l'apparence.

Points. L'objet est représenté par un point, typiquement le centroïde (figure 2.7(a)) [Veenman et al., 2001] ou par un ensemble de points (figure 2.7(b)) [Serby et al., 2004]. En général, la représentation par points est appropriée pour le suivi des objets qui occupent de petites régions dans une image.

Formes primitives géométriques. L'objet peut être représenté par une forme rectangulaire ou elliptique (figure 2.7(c, d) [Cucchiara et al., 2003], etc. Le mouvement d'objets pour de telles représentations est généralement modélisé par une transformation de translation, affine ou projective (homographie). Bien que les formes primitives géométriques soient plus appropriées pour représenter de simples objets rigides, ils sont également utilisés pour

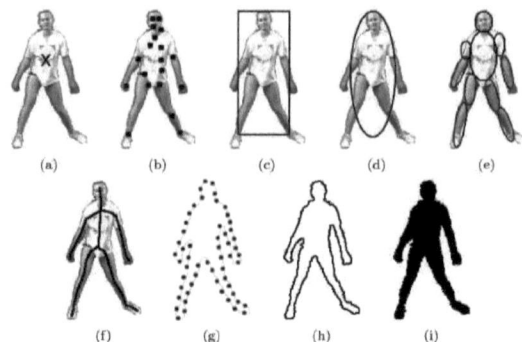

Figure 2.7. Représentation d'objet. (a) centre, (b) multiples points, (c) boîte englobante rectangulaire, (d) ellipse, (e) multiples parties, (f) squelette, (g) points de contrôle sur contour, (h) contour complet, (i) silhouette d'objet [Yilmaz et al., 2006].

le suivi d'objets non rigides.

La silhouette et le contour d'objet. La représentation de contour définit les bords d'un objet (figure 2.7(g, h). La région intérieure du contour est appelée la silhouette d'objet (figure 2.7(i)). La représentation de silhouette et contour est appropriée pour le suivi de forme non rigide [Yilmaz et al., 2004].

Les modèles de forme articulées. Les objets articulés sont composés des parties du corps, qui sont maintenues ensemble avec des articulations. Par exemple, le corps humain est un objet articulé avec le torse, les jambes, les mains, la tête, et les pieds reliés par des articulations. La relation entre les parties peut être régie par des modèles cinématiques, par exemple pour les angles des articulations. Afin de représenter un objet articulé, on peut modéliser les éléments constitutifs en utilisant des cylindres ou ellipses comme montré dans la figure 2.7(e).

Modèle de squelette. Le squelette d'un objet peut être extrait par l'application de transformation d'axe médian de la silhouette d'objet. Ce modèle est couramment utilisé comme représentation de forme pour la reconnaissance des objets [Ali et Aggarwal, 2001]. La représentation par squelette peut être utilisée pour modéliser des objets à la fois articulés et rigides (figure 2.7(f)).

Les caractéristiques de l'apparence peuvent être représentées de plusieurs façons différentes. Notez que les représentations de forme, peuvent également être combinées avec les représentations d'apparence pour le suivi [Cootes et Taylor, 2001]. Certaines représentations d'apparence communes dans le cadre du suivi d'objets sont les suivantes :

La densité de probabilité d'apparence d'objet. Les estimations de la densité de probabilité d'apparence d'objet peuvent être soit paramétriques, comme une gaussienne [Zhu et Yuille, 1996] ou un mélange de gaussiennes [Paragios et Deriche, 2002], soit non paramétriques, tels que les fenêtres Parzen [Elgammal et al., 2002] et les histogrammes [Comaniciu et al., 2003]. La densité de probabilité des descripteurs d'apparence d'objet (couleur, texture) peut être calculée à partir des régions d'image spécifiées par les modèles de forme (région intérieure d'une ellipse ou un contour).

Modèles. Les modèles (*templates*) sont formés en utilisant des formes géométriques simples ou silhouettes [Fieguth et Terzopoulos, 1997]. L'avantage d'un modèle est qu'il comporte à la fois l'information spatiale et de l'apparence. Les modèles, cependant, ne codent que l'apparence objet générée à partir d'une seule vue, donc ils ne conviennent que pour le suivi objets dont la pose ne varie pas considérablement au cours du suivi.

Modèle d'apparence actif. Les modèles d'apparence actif se forment en modélisant simultanément la forme et l'apparence d'objets [Edwards et al., 1998]. En général, la forme d'objet est définie par un ensemble des repères. Comparables à la représentation fondée sur le contour, les repères peuvent résider sur le bord d'objet ou, alternativement, ils peuvent résider dans la région de l'objet. Pour chaque repère, un vecteur d'apparence est stocké, qui prend la forme de la couleur, la texture ou l'amplitude du gradient. Les modèles d'apparence active nécessitent une phase d'entraînement où leur forme et leur apparence associée sont apprises à la fois à partir d'un ensemble d'échantillons en utilisant, par exemple, l'analyse en composantes principales.

Les modèles d'apparence de multiples vues. Ces modèles encodent des vues différentes d'un objet. Une approche pour représenter différentes vues d'objet est de générer un sous-espace (par ex. espace propre) à partir des vues données. L'approche par sous-espace, par exemple, l'analyse en composantes principales (ACP) et l'analyse en composantes indépendantes (ACI), a été utilisée à la fois pour la représentation de forme et d'apparence [Moghaddam et Pentland, 1997, Black et Jepson, 1998]. La figure 2.8 représente un exemple de vues différentes du visage.

Figure 2.8. L'image représente des vues différentes du visage, utilisées pour la reconnaissance du visage [Moghaddam et Pentland, 1997].

En général, il existe une forte relation entre les représentations d'objets et les algorithmes de suivi. Les représentations d'objets sont généralement choisies en fonction du domaine d'application. Pour les petits objets, la représentation par point est généralement appropriée. Pour les objets dont les formes peuvent être approximées par des rectangles ou ellipses, la représentation par les formes primitives géométriques est plus appropriée. Comaniciu et al. [Comaniciu et al., 2003] utilisent la représentation de forme elliptique et un histogramme des couleurs de région pour la modélisation d'apparence. Black et al. [Black et Jepson, 1998] utilisent des vecteurs propres pour représenter l'apparence, qui sont générés par l'appariement rectangulaire d'objet. Pour le suivi d'objets aux formes complexes, par exemple les humains, la représentation par contour ou silhouette est plus appropriée et elle est utilisée dans [Haritaoglu et al., 2000].

2.5.3 Approches pour le suivi d'objet

La tâche principale dans le suivi d'objet est de faire correspondre les objets segmentés de l'image courante avec les objets suivis par le système de surveillance. On note les objets détectés à partir de l'image courante comme les objets observés et les objets actuellement assurés par le système comme les objets suivis. Après avoir fait la correspondance entre les objets observés et les objets suivis, la liste des objets suivis est mise à jour pour ajouter les nouveaux objets entrant dans la scène ou supprimer les objets sortant de la scène. Les caractéristiques des objets suivis sont également mises à jour avec les caractéristiques correspondantes des objets observés.

Hu et al. [Hu et al., 2004b] distinguent quatre approches pour le suivi d'objets : approche fondée sur un modèle, approche fondée sur les contours actifs, approche fondée sur la région et approche fondée sur les descripteurs. Les techniques fondées sur un modèle nécessitent généralement la classification d'objets avant le suivi, d'autres approches peuvent être utilisées soit avant ou après la classification d'objets. Les approches fondées sur les descripteurs peuvent également être utilisées avant la segmentation d'objet - il est nécessaire de détecter seulement les descripteurs à suivre.

2.5.3.1 Approche fondée sur un modèle

Quand un modèle de forme de l'objet suivi est disponible, il peut être recherché dans les images de la séquence. Ceci donne la position et le mouvement de l'objet suivi, et donne en même temps une estimation de pose d'objet. Cette approche est très utile pour le suivi d'objets rigides, comme sur les chaînes de montage robotisées [Yesin et Nelson, 2004] et les voitures dans une scène extérieure [Tan et al., 1998, Leuck et Nagel, 2001]. Cependant, faire la correspondance d'un modèle avec une image nécessite des calculs coûteux.

En ce qui concerne les humains, les parties du corps comme le visage [Decarlo et Metaxas, 2000], la tête [Zhang et Kambhamettu, 2002, Paterson et Fitzgibbon, 2003] et les mains [Lu et al., 2003, Stenger et al., 2006] sont souvent suivies. Cependant, le suivi est réalisé essentiellement dans des scènes structurées où seulement un ou deux objets en mouvement est vu par la caméra. Généralement, il existe une contrainte sur le nombre de pixels des objets en mouvement. Pour le suivi du corps humain [Wren et al., 1997], les exigences sur la composition de la scène et le nombre de pixels de l'objet sont encore plus strictes, par exemple, seulement les gens qui marchent parallèlement au plan de l'image sont considérés [Ju et al., 1996]. Souvent, plusieurs caméras sont utilisées pour créer une reconstruction 3D de scène [Gavrila, 1998, Kakadiaris et Metaxas, 1996]. Comme les modèles pour les humains sont déformables, la complexité de calcul augmente rapidement avec la quantité de détails dans le modèle.

2.5.3.2 Approche fondée sur les contours actifs

Après avoir segmenté l'objet en mouvement, la silhouette d'objet est connue. La silhouette peut être suivie en utilisant les contours actifs ou les serpents (snakes) [Peterfreund, 1999, Nguyen et al., 2002]. En plus du suivi de l'objet, une description précise des contours d'objets est aussi disponible pour chaque trame.

À un coût de calcul élevé, l'approche fondée sur les contours actifs est capable de décrire des formes arbitraires, tant que la contrainte de lissage est satisfaite. Cependant, pour cette approche, l'initialisation et l'association entre les images est un problème, par exemple lorsque les objets forment des groupes et après se divisent (cependant une autre méthode, les ensembles de niveaux (level set), peut en partie solutionner ce problème). Un autre inconvénient des contours actifs est que le suivi est basé sur la partie la plus déformable de l'objet, c'est-à-dire son contour.

Pour surmonter les limitations d'association, l'algorithme de contour actif peut être combiné avec un algorithme décrivant la couleur de l'objet [Isard et Blake, 1998a, Rasmussen et Hager, 2001].

2.5.3.3 Approche fondée sur la région

Quand un objet en mouvement est segmenté, la région des pixels attribuée à l'objet est disponible. Cette région peut être suivie en utilisant des approches comme la corrélation croisée. Un objet en mouvement correspond généralement à une [Wren et al., 1997] ou plusieurs [McKenna et al., 2000a] régions suivies. Combiner plusieurs régions en un objet est ensuite réalisé à un haut niveau d'abstraction.

Plusieurs techniques sont disponibles pour la modélisation et le suivi des régions d'image.

Les régions sont souvent modélisées en utilisant une distribution de la densité de probabilité de leur couleur. Cette distribution peut être décrite à l'aide d'un histogramme de couleur [Capellades et al., 2003], ou un mélange de Gaussiennes [McKenna et al., 1999, Raja et al., 1998]. Au lieu d'utiliser une distribution 3D de la densité de probabilité, les distributions distinctes pour chacune des couleurs peuvent être utilisées [Gasser et al., 2004, Hu et al., 2004a].

Les distributions de la densité de probabilité de couleur sont relativement invariantes aux changements dans l'orientation, l'échelle, l'occultation partielle, la position et la déformation de l'objet [Swain et Ballard, 1990]. Ceci rend cette approche particulièrement intéressante pour le suivi des objets non rigides, tels que les humains. Cependant, les distributions capturent uniquement les couleurs d'une image et n'incluent pas les informations de corrélation spatiale. Par conséquent, elles ont peu de pouvoir discriminant. Un corrélogramme de couleur, d'autre part, est une matrice de co-occurrence qui donne la probabilité qu'un pixel de couleur i est à une distance d d'un autre pixel de couleur j. De cette façon, l'information spatiale sous forme de distance d'une certaine couleur est introduite [Huang et al., 1999, Capellades et al., 2003].

D'autres approches prennent en compte l'information spatiale à l'aide de nombreuses petites régions [McKenna et al., 2000b] et en utilisant la moyenne du temps de couleur par pixel [Cucchiara et al., 2004, Senior, 2002]. Au lieu de choisir un espace de couleur, la sélection automatique des caractéristiques les plus discriminantes peut être utilisée [Chen et al., 2004, Collins et Liu, 2003]. En se basant sur des descripteurs différents, les auteurs calculent l'histogramme couleur des régions d'avant-plan (et arrière-plan) dans les espaces de couleurs différentes. L'efficacité d'un descripteur a un rapport avec la dissemblance entre chaque paire des histogrammes couleur d'avant-plan et d'arrière-plan, conduisant à une segmentation des objets plus précise. Cependant, lorsque les pixels sont mal classifiés et par conséquent utilisés pour mettre à jour le mauvais modèle, cette solution deviendra instable.

Les objets en mouvement peuvent également être modélisés avec une forme fixe ou paramétrable, comme dans l'approche *"mean shift"* [Comaniciu et al., 2000, Zivkovic et Kröse, 2004], et pour les filtres particulaires [Pérez et al., 2002, Spengler et Schiele, 2002, Nummiaro et al., 2003]. L'inconvénient de ces techniques est qu'elles sont incapables de décrire une forme arbitraire, qui change entre les trames consécutives.

2.5.3.4 Approche fondée sur les descripteurs

Les approches de suivi fondées sur des descripteurs sont similaires à des approches fondées sur la région. Au lieu de suivre toute la région, les approches fondées sur les descripteurs extraient les caractéristiques de l'image et les suivent. Des exemples de ces approches sont le suivi des segments de droites et coins [Coifman et al., 1998] et le mouvement du centre [Polana et al., 1994]. Les caractéristiques telles que les moments invariants et le rapport d'aspect [Withagen et al., 1999] pourraient également être utilisées.

De telles approches peuvent être mises en œuvre très efficacement et sont théoriquement capables de traiter l'occultation partielle. Elles sont fréquemment utilisées pour la surveillance du trafic. Les raisons pour lesquelles elles ne sont pas utilisées souvent dans les applications de surveillance incluent : le faible taux de reconnaissance des caractéristiques en raison de la projection perspective non linéaire de la scène dans l'image et la stabilité du traitement des occultations qui est généralement mauvais [Hu et al., 2004b].

2.5.3.5 Traitement d'occultation

Traiter l'occultation des objets est un problème difficile dans le suivi d'objet. Brock-Gunn et al. [Gunn et Ellis, 1992] utilisent la couleur pour relocaliser les objets quand ils ont été occultés et réapparaissent ensuite. Cependant, pendant l'occultation, le système ne dispose d'aucune information sur leurs emplacements. L'algorithme de suivi dans [Intille et al., 1997] n'a pas cet inconvénient. Lorsque les objets se chevauchent les uns les autres, les auteurs considèrent ces objets comme un objet spécial et cet objet est suivi au cours de son existence. Koller et al. [Koller et al., 1993] utilisent le filtre de Kalman pour prédire les positions des objets occultés. Cependant, cette technique ne peut pas traiter le cas où les objets occultés changent la direction avant qu'ils soient séparés. Raja et al. [Raja et al., 1998, Khan et Shah, 2000] considèrent chaque objet comme une région de multiples classes et suivent chaque région au cours du temps. Dans les environnements intérieurs, cette méthode peut suivre des objets robustement en présence d'occultation.

Le maintien de multiples hypothèses est proposé dans [Stauffer et Grimson, 1999, Collins et al., 2000]. C'est une technique efficace pour le suivi d'objet dans lequel, un ensemble d'hypothèses de correspondance entre les objets et les probabilités associées sont maintenues. De nouvelles hypothèses sont ajoutées à l'ensemble lorsque l'observation de nouveaux objets arrivent, à l'opposé, les hypothèses qui ont une faible probabilité sont enlevées de l'ensemble.

2.5.4 Classification d'objets

Les régions en mouvement détectées dans les séquences de vidéos peuvent correspondre à des objets différents dans le monde réel, comme les piétons, les véhicules, etc. Il est très important de reconnaître le type d'un objet détecté, afin de le suivre de manière fiable et analyser ses activités correctement. Actuellement, il existe deux grandes approches de classification d'objets en mouvement qui sont les méthodes fondées sur le mouvement et les méthodes fondées sur la forme [Wang et al., 2003]. Les méthodes fondées sur la forme utilisent l'information 2D des objets pendant que les méthodes fondées sur le mouvement utilisent temporellement les descripteurs de suivi pour la classification.

2.5.4.1 Classification fondée sur la forme

Pour la classification fondée sur la forme, les descripteurs communs utilisés sont la boîte englobante (rectangulaire), la surface, la silhouette et le gradient des régions de l'objet détecté.

L'approche présentée dans [Lipton et al., 1998] utilise l'information sur la longueur de silhouette et la surface d'objet pour classifier les objets détectés en trois groupes : véhicule, homme, et autre. La méthode repose sur l'hypothèse que les humains sont, en général, plus petits que les véhicules et ont des formes complexes. La dispersion est utilisée comme la métrique de classification et elle est définie en termes de surface et la longueur du contour (périmètre) comme suit :

$$Dispersion = \frac{longeur^2}{surface} \qquad (2.4)$$

Le classement est effectué à chaque trame et les résultats du suivi servent à améliorer la cohérence de la classification temporelle.

La méthode de classification développée par Collins et al. [Collins et al., 2000] utilise la vue dépendante des caractéristiques visuelles des objets détectés pour entraîner un classificateur de type réseau neuronal pour reconnaître quatre classes : humain, groupe humain, véhicule et encombrement. L'entrée de réseau neuronal est la dispersion, la surface, le rapport d'aspect de la région de l'objet et le zoom de caméra. Comme la méthode précédente, le classification est effectuée à chaque trame et les résultats sont conservés dans un histogramme pour améliorer la cohérence temporelle de la classification.

Saptharishi et al. [Saptharishi et al., 2000] proposent un schéma de classification qui utilise un réseau neuronal linéaire logistique, entraîné par apprentissage différentiel à reconnaître deux catégories : véhicules et humains. Papageorgiou et al. [Papageorgiou et al., 1998] présentent une méthode utilisant une machine à vecteurs de support, entraîné par les ondelettes, qui sont transformées en des descripteurs d'objet dans les images de vidéo, à partir d'une base de données des piétons. Cette méthode est utilisée pour reconnaître le déplacement des régions correspondant à des humains.

2.5.4.2 Classification fondée sur le mouvement

Certaines méthodes dans la littérature utilisent uniquement les caractéristiques de mouvement temporel des objets afin de reconnaître leurs classes [Lipton, 1999, Cutler et Davis, 2000]. En général, elles sont utilisées pour distinguer les objets non rigides (par exemple

28

personne) par rapport aux objets rigides (par exemple les véhicules). La méthode proposée dans [Cutler et Davis, 2000] est basée sur l'auto-similarité temporelle d'un objet en mouvement. Alors qu'un objet qui présente un mouvement périodique évolue (par ex. un piéton), sa mesure d'autosimilarité montre également un mouvement périodique et cet indice est exploité pour classer les objets en mouvement.

L'analyse du flux optique est également utile pour distinguer les objets rigides et non rigides. Lipton et al. [Lipton, 1999] proposent une méthode pour analyser le flux optique local des régions d'objets détectées. Il est prévu que les objets non rigides tels que les humains présenteront un flux résiduel (flux par rapport au mouvement globale moyen de l'objet) plus élevé alors que les objets rigides tels que les véhicules présenteront un flux résiduel faible. En outre, le flux résiduel généré par le mouvement humain aura une périodicité, cela aide à distinguer le mouvement humain des autres mouvements.

2.6 Reconnaissance d'activité humaine

La reconnaissance d'activités humaines dans une vidéo est l'une des applications les plus prometteuses de la vision par ordinateur. Ces dernières années, ce problème a attiré l'attention des chercheurs de l'industrie, des universités, des agences de sécurité, des agences de consommateurs.

Les termes *"action"* et *"activité"* sont fréquemment utilisés de façon interchangeable dans la littérature en vision. Le terme *"action"* réfère à des modèles de mouvements simples habituellement exécutés par une seule personne et généralement ils durent pendant une courte durée, de l'ordre de plusieurs dizaines de secondes. Les exemples d'actions incluent la marche, la natation, etc. D'autre part, le terme *"activité"* réfère à une séquence d'actions complexes effectuées par plusieurs humains qui pourraient être en interaction les uns avec les autres, et/ou avec un autre objet d'une manière contrainte. En effet, il n'existe pas une frontière définitive entre les deux termes. Cependant, cette classification simple fournit un point de départ pour organiser les nombreuses approches qui ont été proposées. Un aperçu rapide des différentes approches qui relèvent de chacune de ces catégories est indiqué dans la figure 2.9.

Les systèmes réels de reconnaissance d'activité suivent généralement une approche hiérarchique. Au niveau inférieur sont des modules tels que la segmentation d'avant/arrière-plan, le suivi et la détection d'objet. Les modules de reconnaissance d'action sont à un niveau intermédiaire et à un plus haut niveau sont les moteurs de raisonnement qui codent la sémantique de l'activité basée sur les actions élémentaires de niveau inférieur. Ainsi, il est nécessaire d'acquérir une compréhension de ces problèmes pour permettre un déploiement réel de ces systèmes.

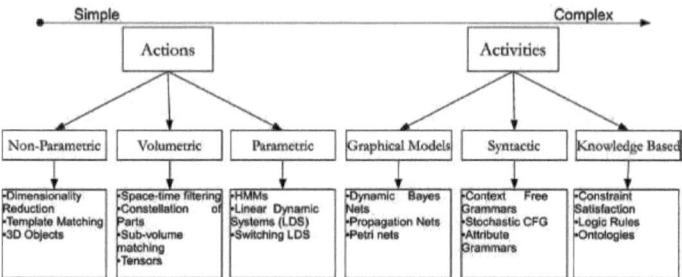

Figure 2.9. Des approches pour la reconnaissance d'action et d'activité [Turaga et al., 2008].

2.6.1 Modélisation et reconnaissance d'actions

Les approches de modélisation pour les actions peuvent être classées en trois grandes catégories : approches non paramétriques, volumétriques et paramétriques. Les approches non paramétriques extraient généralement un ensemble de caractéristiques de chaque image de la vidéo. Les caractéristiques sont ensuite associées à un appariement stocké. Les approches volumétriques, d'autre part n'extraient pas de caractéristiques dans l'image. Au lieu de cela, elles considèrent une vidéo comme un volume 3D des intensités des pixels et étendent des caractéristiques standards comme les méthodes multi-échelles, les réponses de filtre spatial, etc., au cas 3D. Les approches paramétriques imposent spécifiquement un modèle sur la dynamique temporelle du mouvement. Les paramètres particuliers pour une catégorie d'actions sont alors estimés à partir des données d'apprentissage. Des exemples d'approche paramétrique sont les modèles de Markov cachés (MMC), les systèmes dynamiques linéaires, etc. Nous allons d'abord discuter des méthodes non paramétriques, puis les approches volumétriques, et enfin les méthodes paramétriques.

2.6.1.1 Approches non paramétriques pour la reconnaissance d'action

2.6.1.1.1 Appariement 2D

Un des premiers essais de reconnaissance d'action sans compter sur l'estimation 3D de la structure a été proposé par Polana et al. [Polana et Nelson, 1997]. Les auteurs montrent que la reconnaissance humaine ou la locomotion animale, ou toute autre activité répétitive peut être reconnues à l'aide de représentations non paramétriques, de bas niveaux. Une telle approche présente l'avantage que la même représentation est utilisée pour tous les exemples, et aucune adaptation individuelle de modèle ou compréhension préalable de la scène n'est nécessaire. Les auteurs montrent que les mouvements répétitifs sont un repère fort, que l'acteur en mouvement peut être segmenté, normalisé spatialement et temporellement, et reconnu par comparaison à un appariement spatio-temporel des caractéristiques de mouvement.

Bobick et al. [Bobick et Davis, 2001] présentent une approche fondée sur l'apparence pour la représentation et la reconnaissance du mouvement humain. La base de la représentation est un modèle temporel - un vecteur statique d'image, où la valeur du vecteur à chaque point est une fonction des propriétés de mouvement correspondant à l'emplacement spatial dans une séquence d'images. Le modèle se compose de deux composantes : la première valeur est une valeur binaire indiquant la présence du mouvement et la seconde valeur est une fonction du mouvement recencé. La méthode de reconnaissance fait la correspondance des appariements temporels à des instances stockées représentant des actions connues. La méthode effectue automatiquement la segmentation temporelle, est invariante aux changements de vitesse linéaire, et se déroule en temps réel sur des plates-formes standards. Cependant, il est noté que l'approche présentée dans [Bobick et Davis, 2001] perd son pouvoir discriminant pour les activités complexes en raison du chevauchement de l'histoire des mouvements.

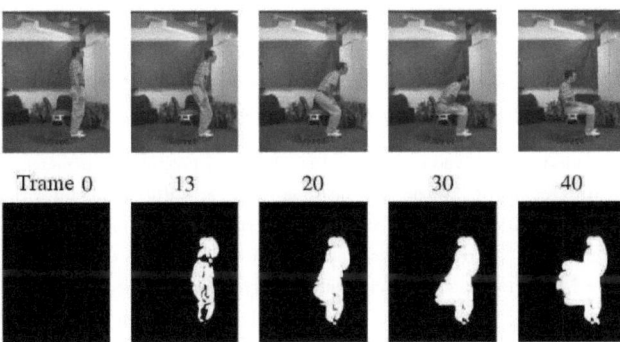

Figure 2.10. Exemple d'une personne assise. La rangée du haut contient des images clés. La rangée en bas est cumulative des images animées à partir de la trame 0 [Bobick et Davis, 2001].

2.6.1.1.2 Méthodes de réduction de dimensionalité

La plupart des approches de reconnaissance d'action impliquent le traitement des données dans des espaces de très hautes dimensions. L'espace des descripteurs devient alors plus clairsemé de façon exponentielle avec la dimension, nécessitant ainsi un plus grand nombre d'échantillons pour construire des modèles efficaces. Apprendre une variété géométrique de plus faible dimension permet de déterminer la dimension inhérente des données, qui contient moins de degrés de liberté et permet de concevoir des modèles efficaces dans cet espace de dimension inférieure. La plus simple façon de réduire la dimensionnalité se fait via l'analyse en composantes principales (ACP), qui suppose que les données se trouvent sur un sous-espace linéaire. Les techniques de réduction de dimensionnalité non linéaire permettent une représentation par points des données en fonction de leur proximité les uns des autres sur des variétés non linéaires. Plusieurs méthodes de réduction de la dimensionnalité telle que ACP, LLE (*Locally Linear Embedding*) [Roweis et Saul, 2000], la carte-propre Laplacienne (*Laplacian eigenmap*) [Belkin et Niyogi, 2001], et Isomap [Tenenbaum et al., 2000] ont été appliquées pour diminuer la haute dimensionnalité des données vidéo pour les tâches de reconnaissance d'action [Pless, 2003, Elgammal et Lee, 2004]. Les algorithmes de reconnaissance, comme l'appariement, la modélisation dynamique, etc. peuvent être effectués de manière plus efficace une fois que la dimensionnalité des données est réduite.

2.6.1.2 Approches volumétriques (spatio-temporelles)

2.6.1.2.1 Modèle objet 3D

Le succès dans l'application des modèles et algorithmes pour les problèmes de reconnaissance d'objet ont amené les chercheurs en reconnaissance d'actions à proposer des représentations d'actions comme des objets spatio-temporels.

Syeda-Mahmood et al. [Syeda-Mahmood et al., 2001] proposent un méthode qui reconnaît une action exécutée par un objet, vue sous des angles différents. La forme obtenue à partir des projections perspectives successives d'un objet, qui exécute une action peut être visualisée comme un cylindre généralisé, appelé le cylindre d'action. En utilisant cette représentation, la reconnaissance d'action consiste à trouver un ensemble de caractéristiques correspondantes entre le modèle (cylindre) et les cylindres d'action actuelle et de vérifier la correspondance par la projection de cylindre modèle. En représentant les actions avec des formes, il permet de modéliser tous les types d'actions complexes, rigides, articulées ou non rigides, dans un cadre uniforme.

Yilmaz et Shah [Yilmaz et Shah, 2005] proposent d'utiliser les descripteurs spatio-temporels afin d'exploiter simultanément les formes et caractéristiques de mouvement. Lorsque l'objet effectue une action en 3D, les points sur le contour extérieur de l'objet sont projetés en contour 2D (x, y) dans le plan d'image. Une séquence de ces contours 2D par rapport au temps génère un volume spatio-temporel (VST) en 3D (x, y, t). Ce volume peut être considéré comme objet 3D dans l'espace (x, y, t), et peut être analysé en utilisant la différence géométrique des propriétés de surface, comme des pics, des puits, des vallées et des arêtes, qui sont des descripteurs importants d'actions, capturant à la fois les propriétés spatiales et temporelles. Un ensemble de descripteurs de mouvement pour une action donnée est appelé croquis (*sketch*). Les descripteurs d'actions sont liés à divers types de mouvements et des déformations d'objets.

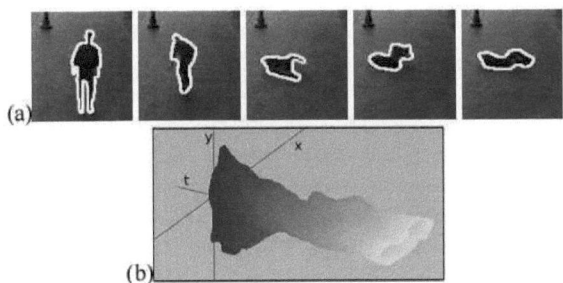

Figure 2.11. (a) une séquence des contours de l'objet suivie de l'action de chute, (b) VST pour l'action de chute [Yilmaz et Shah, 2005].

Comparable à cette approche, l'approche présentée dans [Gorelick et al., 2007] traite les formes volumétriques spatio-temporelles (x, y, t), induites par les actions humaines, comme des formes en trois dimensions. La méthode utilise les propriétés de la solution de l'équation de Poisson pour extraire les caractéristiques spatio-temporelles comme la saillance spatio-temporelle locale, la dynamique d'action, la forme structurée et l'orientation. Il est montré que ces descripteurs sont utiles pour la reconnaissance d'action, la détection et la classification. Cette méthode est rapide, applicable dans de nombreux scénarios où le fond est connu, robuste aux occultations partielles, aux déformations non rigides, aux changements significatifs d'échelle et de point de vue, aux irrégularités dans la performance d'une action, et aux vidéos de basse qualité.

Figure 2.12. Les formes spatio-temporelles des actions : jumping (saut), marche, course [Gorelick et al., 2007].

L'image de l'histoire des mouvements (IHM) est un descripteur spatio-temporel, qui extrait les caractéristiques spatio-temporelles du mouvement humain dans une séquence entière, et spécialement conçue pour la description et la reconnaissance de l'activité humaine. IHM représente le mouvement dans une image en niveaux de gris et certaines caractéristiques d'IHM doivent être extraites pour reconnaître les mouvements. Bobick et Davis ont utilisé les moments de Hu dans [Bobick et Davis, 2001]. Cependant, les moments de Hu sont impropres à distinguer les objets rigides puisque leurs formes peuvent être différentes, même quand ils appartiennent à la même classe. Les masques de gradients sont également appliqués pour obtenir l'information d'orientation et de la vitesse d'IHM [Davis, 2001], mais il est sensible au bruit et aux changements d'illumination. Dans [Ogata et al., 2004], les auteurs ont utilisé l'espace propre qui exige généralement la réduction de la taille d'image, car elle exige un grand calcul et des hypothèses linéaires qui ne sont pas pratiques. Récemment, les Patrons Locaux Binaires (*Local Binary Pattern*) ont été utilisés pour construire des images fonction des mouvements et les coûts correspondants du mouvement inconnu avec les modèles sont obtenus en utilisant la distance de chi carré, pour la reconnaissance de mouvement humain [Guo et Miao, 2008].

2.6.1.2.2   Filtrage spatio-temporel

Ces approches sont basées sur le filtrage d'une vidéo en utilisant un banc de filtres. Les réponses du banc de filtres sont traitées ultérieurement pour dériver des caractéristiques par rapport à l'action. Ces approches sont inspirées par le succès des approches fondées sur les filtres pour des tâches de reconnaissance d'image telles que la segmentation de texture [Malik et Perona, 1990]. En outre, la structure des filtres spatio-temporels comme les gaussiennes orientées et leurs dérivées [Young et al., 2001] et les filtres de Gabor [Jhuang et al., 2007] sont basés sur les propriétés spatio-temporelles des cellules dans le cortex visuel. Chomat et al. [Chomat et Crowley, 1999] modélisent un segment de vidéo comme un volume spatio-temporel (x, y, t) et calculent les modèles d'apparence locale à chaque pixel en utilisant un banc de filtres de Gabor selon diverses orientations, échelles spatiales et à une échelle temporelle unique. Une action est reconnue en utilisant une moyenne des probabilités spatiales de chacun des pixels dans l'image. Puisque les actions sont analysées à une échelle temporelle unique, cette méthode n'est pas applicable pour les variations de vitesse d'exécution.

Les approches de filtrage sont rapides et faciles à mettre en œuvre grâce à des algorithmes efficaces de convolution. Dans la plupart des applications, la bande passante appropriée des filtres n'est pas connue a priori, donc un grand banc des filtres à plusieurs échelles spatiales et temporelles est requis pour capturer efficacement la dynamique d'action. En outre, la réponse générée par chaque filtre a les mêmes dimensions que le volume entré, par conséquent l'utilisation de grand banc de filtres à plusieurs échelles spatiales et temporelles est prohibitif.

2.6.1.2.3 Approches fondées sur les parties d'un objet

Plusieurs approches ont été proposées qui tiennent compte d'une vidéo comme une collection de parties locales, où chaque partie se compose de divers mouvements. Laptev et al. [Laptev, 2005] proposent une généralisation spatio-temporelle de la méthode de détection des points d'intérêt de Harris, qui est largement utilisée dans des applications de reconnaissance d'objets et appliquée à la modélisation et reconnaissance des actions. Les gradients spatio-temporels calculés à chaque niveau d'échelle, sont ensuite combinés dans un voisinage de chaque point pour obtenir une matrice de moment de second ordre, laquelle est utilisée pour dériver les descripteurs. Dans une approche similaire, Dollár et al. [Dollár et al., 2005] modélisent une séquence vidéo par la distribution de prototypes de descripteurs. Les prototypes sont obtenus par regroupement d'un grand nombre de caractéristiques de gradient - extraits de point d'intérêt, à partir de données d'apprentissage. Neibles et al. [Niebles et al., 2008] utilisent une approche similaire - le modèle de *"sac des mots"* - pour représenter les actions. Le modèle de *"sac des mots"* est appris par l'extraction des points spatio-temporels d'intérêt et un regroupement des descripteurs. Ces points d'intérêt peuvent être utilisés en conjonction avec les approches d'apprentissage comme les machines à vecteurs de support (Support Vector Machine - SVM) [Schüldt et al., 2004] et des modèles graphiques [Niebles et al., 2008]. Puisque les points d'intérêt sont de nature locale, les corrélations temporelles à plus long terme sont ignorées dans ces approches. Pour remédier à ce problème, une méthode basée sur les corrélogrammes des prototypes est présentée dans [Savarese et al., 2008].

Dans une approche légèrement différente, Nowozin et al. [Nowozin et al., 2007] considèrent une vidéo comme une séquence d'ensembles, où chaque ensemble comprend des parties trouvées dans une petite fenêtre mobile temporelle. Différentes actions peuvent être composées de parties similaires, mais différentes dans leurs relations géométriques. L'intégration de la géométrie globale dans la représentation de la vidéo fondée sur les parties a été étudiée par Boiman et al. [Boiman et Irani, 2007] et Wong et al. [Wong et al., 2007]. Cette approche peut se décrire comme une constellation de parties par opposition au modèle simple *"sac des parties"*. La complexité calculatoire peut être importante pour les modèles de constellation avec un grand nombre de parties, ce qui est généralement le cas pour les actions humaines. Song et al. [Song et al., 2003] ont abordé cette question en approximant les connexions dans la constellation par l'intermédiaire de la triangulation. Niebles et al. [Niebles et Li, 2007] proposent un modèle hiérarchique où le niveau supérieur est une constellation des parties beaucoup plus petites que le nombre réel de descripteurs. Chacune des parties dans la constellation se compose d'un *"sac des descripteurs"* au niveau inférieur. Cette approche combine les avantages du *"sac de descripteurs"* avec le modèle de constellation et préserve l'efficacité de calcul en même temps. La figure 2.13 représente un exemple de détection d'un ensemble de pièces correspondantes, utilisant l'approche fondée sur les parties.

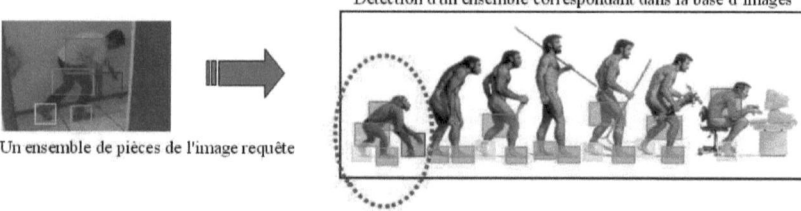

Figure 2.13. Détection d'un ensemble de pièces correspondantes [Boiman et Irani, 2007].

Dans la plupart de ces approches, la détection des parties est habituellement basée sur des opérations linéaires, telles que le filtrage et les gradients spatio-temporels, où les descripteurs sont sensibles aux changements dans l'apparence, le bruit, les occultations, etc. Il est aussi noté que les points d'intérêt sont extrêmement clairsemés dans les actions lisses d'humain et certaines des actions ne donnent pas de traits distinctifs [Dollár et al., 2005,Niebles et al., 2008]. Cependant, en raison de leur caractère local, ils sont plus robustes aux arrière-plans non stationnaires.

2.6.1.3 Méthodes paramétriques

La section précédente se concentre sur les représentations et les modèles qui sont bien adaptés pour des actions simples. Les approches paramétriques que nous allons décrire dans cette section sont mieux adaptées aux actions plus complexes. Des exemples d'actions complexes sont les étapes dans une vidéo de danse classique, un jongleur qui jongle avec une balle, et les mouvements d'un chef d'orchestre.

2.6.1.3.1 Modèle de Markov caché

L'un des modèles les plus populaires dans l'espace d'états est le modèle de Markov caché (Hidden Markov Model - HMM). Le HMM trouve une large applicabilité dans les applications de reconnaissance vocale dans les années 1980, et puis dans les systèmes de vision par ordinateur. Une description détaillée des HMM et ses trois problèmes associés : inférence, décodage et apprentissage peuvent être trouvée dans [Rabiner, 1989]. Une des premières approches à reconnaître les actions humaines par l'intermédiaire de HMM est proposée par Yamato et al. [Yamato et al., 1992] pour reconnaître des coups de tennis en modélisant une séquence d'images d'avant/arrière-plan comme sorties de HMM. Plusieurs systèmes de reconnaissance de gestes [Wilson et Bobick, 1995,Starner et al., 1998] utilisent intensivement des HMM par modéliser une séquence d'éléments suivis, par exemple des régions correspondant aux mains, comme sorties de HMM.

Le HMM est également utilisé dans la modélisation des formes de démarches humaines pour la reconnaissance d'actions et en biométrie [Kale et al., 2004, Liu et Sarkar, 2006]. Toutes ces approches sont fondées sur l'hypothèse que la séquence des caractéristiques modélisées est le résultat d'actions exécutées par une seule personne. Par conséquent, le HMM n'est pas efficace dans les applications où il existe de multiples agents effectuant une action ou interaction les uns avec les autres. Pour remédier à ce problème, Brand et al. [Brand et al., 1997] ont proposé un HMM couplé pour représenter la dynamique de l'interaction des cibles. Brand et al. démontre la supériorité de leur approche par rapport aux HMM classiques en reconnaissant les gestes de deux mains. Pour tenir compte de la connaissance du domaine dans le HMM, Moore et al. [Moore et al., 1999] utilisent un HMM en combinaison avec des modules de détection d'objets pour exploiter le lien entre les actions et les objets. Hongeng et al. [Hongeng et Nevatia, 2003] intègre a priori la durée de l'état dans un HMM, d'où résulte un modèle appelé modèle semi Markov caché (semi-HMM). Cuntoor et al. [Cuntoor et Chellappa, 2007b] proposent un HMM à états mixtes pour modéliser les comportements de niveau supérieur.

Le HMM est efficace pour la modélisation de données temporelles séquentielles et utiles aussi pour leurs capacités discriminantes. Le HMM est bien adapté pour les tâches nécessitant des estimations probabilistes récursives [Schlenzig et al., 1994] ou lorsque les heures précises de début et de fin pour les unités d'action sont inconnues. Néanmoins, leur utilité est limitée par les modèles utilisés (par ex. nombre d'états).

2.6.1.3.2 Systèmes Dynamiques Linéaires (*Linear Dynamic System* - LDS)

Les systèmes dynamiques linéaires sont une forme plus générale de HMM, où l'espace d'état n'est pas contraint à un ensemble fini de symboles, mais peut prendre des valeurs continues. Plusieurs applications telles que la reconnaissance des humains et des actions basées sur la démarche [Mazzaro et al., 2005, Veeraraghavan et al., 2005], la reconnaissance d'activité [Vaswani et al., 2005, Cuntoor et Chellappa, 2007a], la modélisation et la reconnaissance de la texture dynamique [Chan et Vasconcelos, 2007] ont été proposées en utilisant des LDS.

2.6.1.3.3 Systèmes dynamiques non linéaires

Bien que les HMM à temps invariant et les LDS soient des outils efficaces pour la modélisation et l'apprentissage, ils sont limités à une dynamique linéaire et stationnaire. Considérons l'activité suivante : une personne se penche pour ramasser un objet, puis il se dirige vers une table, et place l'objet sur la table, et se repose enfin sur une chaise. Cette activité est composée d'une suite de courts segments dont chacun peut être modélisé comme un LDS.

Pour faire face à ces dynamiques complexes, une approche populaire modélise le processus en utilisant les systèmes dynamiques linéaires à commutation (*Switching Linear Dynamic Systems* - SLDS), qui se composent d'un ensemble de LDS avec une fonction de commutation qui provoque un changement des paramètres du modèle par la commutation entre les modèles. Bregler [Bregler, 1997] présente une approche multi-couches pour reconnaître les mouvements complexes constitués de plusieurs niveaux d'abstraction et le plus haut niveau se compose d'un HMM pour représenter le comportement complexe. Pavlovic et al. [Pavlovic et Rehg, 2000] modélisent la non-linéarité dans les mouvements humains, où les dynamiques sont modélisées à l'aide de LDS et le processus de commutation est modélisé en utilisant une machine à états finis probabilistes.

Bien que les SLDS aient une puissance descriptive et de modélisation supérieure aux HMM et LDS, l'apprentissage et l'inférence dans les SLDS sont beaucoup plus complexes, nécessitant souvent des méthodes approximatives [Oh et al., 2005]. Dans la pratique, déterminer le nombre approprié d'états de commutation est difficile et nécessite souvent de grandes quantités de données d'apprentissage.

2.6.2 Modélisation et reconnaissance d'activité

La plupart des activités d'intérêt dans des applications telles que la surveillance et l'indexation fondée sur le contenu, touchent plusieurs acteurs, qui interagissent non seulement les uns avec les autres, mais aussi avec des entités contextuelles. Les approches discutées ici se sont surtout intéressées à la modélisation et la reconnaissance d'action d'un acteur unique. La modélisation d'une scène complexe, la structure inhérente et la sémantique des activités complexes exigent une plus haute représentation et des méthodes de raisonnement.

2.6.2.1 Modèles graphiques

2.6.2.1.1 Réseaux Bayésiens (*Bayesian network - BN*)

Un Réseau Bayésien [Pearl, 1988] est un modèle graphique qui encode des dépendances conditionnelles complexes entre un ensemble de variables aléatoires, qui sont encodées comme des densités de probabilités conditionnelles locales (PDC). Les Réseaux Bayésiens Dynamiques (*Dynamic Bayesian Network* - DBN) sont la généralisation des Réseaux Bayésiens en intégrant les dépendances temporelles entre les variables aléatoires. Les DBN encodent les relations complexes de dépendance conditionnelle parmi plusieurs variables aléatoires par opposition à une seule variable cachée comme dans le HMM traditionnel.

Huang et al. [Huang et al., 1994] utilisent un DBN pour la surveillance du trafic avec des caméras. Buxton et al. [Buxton et Gong, 1995] utilise un BN pour capturer les dépendances entre la structure de scène et des mesures d'image de bas niveau pour une application de surveillance du trafic. Remagnino et al. [Remagnino et al., 1998] présentent une approche utilisant un DBN pour la description de scènes à deux niveaux d'abstraction : des descriptions de niveau agent et des interactions multi-agents. Modéliser l'interaction entre deux personnes comme pointer du doigt, le punch, une poussée, les accolades, etc, a été proposée par Park at al. [Park et Aggarwal, 2004] dans un processus en deux étapes. Tout d'abord, l'estimation de la pose se fait via un BN et l'évolution de la pose dans le temps est modélisée par un DBN. Intille et al. [Intille et Bobick, 1999] utilisent un BN pour l'interaction multi-agents où la structure du réseau est automatiquement générée à partir de la structure temporelle fournie par un utilisateur. Habituellement, la structure du DBN est fournie par un expert du domaine. Cependant, cela est difficile dans les systèmes réels où il y a un très grand nombre de variables avec des interdépendances complexes. Pour répondre à cette question, Gong et al. [Gong et Xiang, 2003] présentent un cadre de DBN où la structure du réseau est bien détectée automatiquement à l'aide de critères d'information bayésienne [Schwarz, 1978].

Les DBN sont également utilisés pour reconnaître les actions en utilisant l'information contextuelle des objets concernés. Moore et al. [Moore et al., 1999] présentent la reconnaissance d'action utilisant des BN fondés sur le contexte de la scène provenant d'autres objets dans la scène. Gupta et al. [Gupta et Davis, 2007] présentent un BN pour l'interprétation des interactions humain-objet qui intègre l'information provenant de tâches cognitives telles que l'analyse du mouvement humain, la détection d'objet manipulable, et la détermination de *"réaction d'objet"*.

Bien que les DBN soient plus généraux que les HMM en tenant compte des dépendances entre plusieurs variables aléatoires, le modèle temporel est généralement markovien comme dans le cas des HMM. Ainsi, seules les activités séquentielles peuvent être traitées par le modèle DBN de base. Le développement d'algorithmes efficaces pour l'apprentissage et l'inférence dans les modèles graphiques [Jordan, 1998] sont des outils populaires pour modéliser des activités structurées. Des méthodes pour apprendre la topologie ou la structure de BN à partir de données [Friedman et Koller, 2003], ont également été étudiées en apprentissage automatique. Cependant, afin d'apprendre les densités de probabilités locales et conditionnelles, les grands réseaux nécessitent de grandes quantités de données d'apprentissage ou le réglage par des experts, ce qui limitent l'applicabilité des DBN à grande échelle.

2.6.2.1.2 Réseau de Petri

Le réseau de Petri est défini par Petri [Petri, 1966] comme un outil mathématique permettant de décrire les relations entre les conditions et les événements. Les réseaux de Petri sont particulièrement utiles pour modéliser et visualiser des comportements tels que le séquençage, la simultanéité, la synchronisation et le partage des ressources [David et Alla, 1994]. Les réseaux de Petri sont des graphes bipartis, composés de deux types de nœuds : places et transitions. Les places réfèrent à l'état d'une entité et les transitions réfèrent aux changements dans l'état de l'entité.

Les réseaux de Petri sont utilisés par Castel et al. [Castel et al., 1996] pour développer un système d'interprétation de séquences d'images, de haut niveau, dans lequel la structure du réseau de Petri a été précisée a priori. Cela peut être fastidieux pour les grands réseaux représentant des activités complexes. Ghanem et al. [Ghanem et al., 2004] proposent une méthode permettant de semi-automatiser cette tâche par mise en correspondance automatique d'un petit ensemble d'opérateurs logiques, spatiaux et temporels à une structure graphique. Cependant, ces approches se fondent sur les réseaux de Petri déterministes, de sorte qu'ils ne peuvent pas faire face à l'incertitude des modules à faible niveau, comme les traqueurs, détecteurs d'objets, etc. Pour résoudre ce problème, Albanese et al. [Albanese et al., 2008] proposent le concept d'un réseau de Petri probabiliste, dans lequel les transitions sont associées à un poids qui encode la probabilité de transition. La figure 2.14 représente l'activité d'échange de voitures, modélisée par le réseau de Petri.

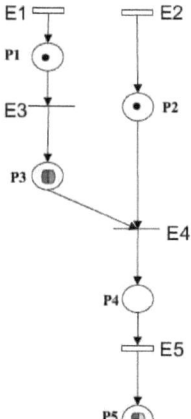

- Événement : personne P0 se déplace de voiture C0 à voiture C1
- Objets : Personne P0, Voiture C0, C1 voiture
- Événements :
  - E1 - Voiture C0 gare
  - E2 - Voiture C1 gare
  - E3 - Personne P0 sort voiture C0
  - E4 - Personne P0 entre voiture C1
  - E5 - Voiture C1 quitte
- Relations :
  - (((E1 Avant E3) Finit_Avant (E2 Avant E4)) Avant E5)

Figure 2.14. Un réseau de Petri représentant l'événement d'échange de voitures [Ghanem et al., 2004].

Bien que les réseaux de Petri soit un outil intuitif pour exprimer des activités complexes, ils souffrent des inconvénients d'avoir à décrire manuellement la structure du modèle. Le problème de l'apprentissage de la structure à partir de données d'entraînement n'a pas encore été formellement adressée.

2.6.2.1.3 Modèles graphiques

D'autres modèles graphiques sont proposés pour faire face aux inconvénients des DBN - c'est-à-dire la limitation aux activités séquentielles. Des modèles graphiques qui modélisent des relations temporelles plus complexes, comme la séquentialité, la durée, le parallélisme, la synchronisation, etc., ont été proposés dans le cadre des DBN. Par exemple, Pinhanez et al. [Pinhanez et Bobick, 1998] utilisent une version simplifiée de l'algèbre d'intervalles d'Allen pour modéliser les contraintes temporelles sophistiquées telles que le passé, le présent, et le futur, appelé réseau de passé-présent-futur. De même, Shi et al. [Shi et al., 2004, Shi et al., 2006] proposent d'utiliser des réseaux de propagations pour représenter les activités en utilisant partiellement des intervalles temporels ordonnés.

2.6.2.2 Approches syntaxiques

2.6.2.2.1 Grammaires

Les grammaires expriment la structure d'un processus en utilisant un ensemble de règles de production, qui indique comment les phrases (les activités) peuvent être construites à partir de mots (activité élémentaire), et comment reconnaître si une phrase (la séquence de vidéo) est conforme aux règles d'une grammaire donnée (modèle d'activité). Une des premières utilisations de grammaires pour la reconnaissance d'activité visuelle est proposée par Brand [Brand, 1996], qui utilise une grammaire pour reconnaître des manipulations manuelles dans des séquences contenant des tâches séparées Ryoo et al. [Ryoo et Aggarwal, 2006] utilisent le formalisme de Grammaire Non Contextuelle (Context-free grammar - CFG) pour modéliser et reconnaître les activités humaines composites et les interactions entre personnes. Ils adaptent une approche hiérarchique où les niveaux inférieurs sont composés de HMM et BN. Les interactions de plus haut niveau sont modélisées par CFG. Dans les approches syntaxiques, il est nécessaire de détecter les événements primitifs et définir l'ensemble des règles de production pour les activités de plus haut niveau.

Puisque les grammaires déterministes attendent une parfaite précision dans les niveaux inférieurs, elles ne sont pas adaptées pour traiter les erreurs dans les tâches de bas niveau tels que les erreurs dans le suivi et des observations perdues. Dans des situations complexes, comme le parallélisme, le chevauchement, la synchronisation, qui impliquent plusieurs agents et nécessitent des relations temporelles, il est difficile de formuler manuellement les règles grammaticales. Apprendre les règles de grammaire à partir des données d'entraînement est une alternative prometteuse, mais elle s'est montrée être extrêmement difficile dans le cas général [de la Higuera, 2000].

2.6.2.2.2 Grammaires Stochastiques

Les algorithmes pour la détection des primitives de bas niveau sont souvent de nature probabiliste. Ainsi, les grammaires non contextuelles stochastiques (SCFG), qui sont une extension probabiliste des CFG, sont plus appropriées pour l'intégration avec les applications de vision réelles. Un SCFG est utilisé par Ivanov et al. [Ivanov et Bobick, 2000] pour modéliser la sémantique des activités dont la structure est supposée connue. Moore et al. [Moore et Essa, 2002] utilisent un SCFG pour modéliser les activités multitâches - lesquelles ont plusieurs fils d'exécution indépendants avec des interactions intermittentes dépendantes les uns des autres. Dans de nombreux cas, il est souhaitable d'associer des attributs supplémentaires ou des descripteurs aux événements primitifs. Par exemple, l'emplacement exact où l'événement primitif se produit peut être significatif pour décrire un événement, mais ne peut pas être efficacement encodé dans l'événement primitif. Dans ce contexte, les grammaires à attributs probabilistes ont été utilisées par Joo et al. [Joo et Chellappa, 2006] pour les activités multi-agents dans un environnement de surveillance. Bien que les SCFG soient plus robustes que les CFG pour des erreurs et détections perdues dans le flux d'entrée, elles partagent certaines limitations des CFG tel que discuté ci-dessus.

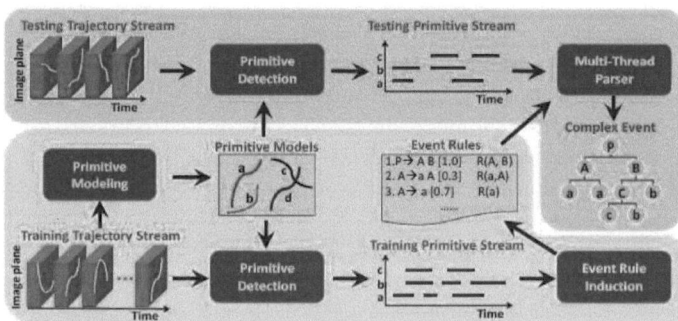

Figure 2.15. Exemple d'un système de grammaire étendue pour l'apprentissage et la reconnaissance événements visuels complexes : le fond vert et le fond rose représentent les processus de reconnaissance et d'apprentissage, respectivement [Zhang et al., 2010].

2.7 Conclusion

Dans ce chapitre, nous avons présenté la littérature sur la vidéosurveillance. L'avancement des méthodes de détection d'objets mobiles, des méthodes de suivi d'objets mobiles et les approches de reconnaissance d'activités sont décrites dans ce chapitre. Les avantages, désavantages sont aussi soulignés pour mieux comprendre la progression de la recherche dans ce domaine.

Dans le chapitre suivant, nous nous concentrons sur la littérature sur la prise de médicaments. Une analyse détaillée des approches récentes au sujet de la prise de médicaments et nos propostions sont aussi présentées.

3

SURVEILLANCE DE PRISE DE MÉDICAMENTS : ÉTAT DE L'ART

3.1 Introduction

Avant de se lancer dans la description détaillée des algorithmes, il convient de décrire le contexte dans lequel la prise de médicaments est détectée, de même que les paramètres techniques entourant ces systèmes, notamment au niveau de la caméra et des flacons.

Les façons de prendre les médicaments sont multiples. Ils peuvent être placés dans des dosettes ou dans des flacons et être pris dans la salle de bains, la chambre à coucher, la cuisine, etc. Un système permettant de détecter la prise de médicaments, indépendamment du contexte, est très complexe. Afin de simplifier le problème, on considère que la personne prend ses médicaments toujours au même endroit, soit à la table de la cuisine, face à la caméra et que les médicaments se trouvent dans différentes flacons. La validité de ce contexte pour des applications réelles est confirmée par des intervenants qui travaillent avec les personnes âgées et des spécialistes affiliés à notre projet [1]. Selon eux, si les habitudes de prise de médicaments varient beaucoup d'une personne à l'autre, elles varient très peu chez la même personne, permettant ainsi de considérer un contexte d'application particulier pour une personne.

La table (par ex. dans la cuisine) est préférée aux autres endroits dans la littérature (par ex. dans [Batz et al., 2005], [Valin et al., 2006] et [Ammouri et Bilodeau, 2008]), car cela permet d'avoir une vue des flacons et de la personne tout au long de la prise de médicaments. En effet, si la détection s'était faite pour des flacons situés dans l'armoire de la pharmacie ou encore dans une armoire de la cuisine, il aurait été possible que la caméra ne voit pas les flacons, ceux-ci étant d'abord cachés par l'armoire puis par les mains de la personne.

Les systèmes considèrent également qu'une seule personne est présente dans la pièce et qu'elle n'est pas trop penchée lors de la prise de médicaments, de sorte que le visage demeure visible du point de vue de la caméra. La contrainte quant au nombre de personnes

---

1. Chercheurs en ergothérapie, science infirmière et neurophychologie du centre de recherche de l'Institut de gériatrie de Montréal (CRIUGM)

dans la pièce est davantage liée aux algorithmes de détection et de suivi, et pourrait être éliminée si d'autres algorithmes étaient utilisés. Toutefois, celle-ci est valide dans le contexte de personnes vivant seules.

3.2 Considérations techniques

Le contexte entourant l'activité de prise de médicaments étant donné, il convient de traiter des aspects plus techniques entourant celle-ci.

3.2.1 Bouteilles de médicaments

Tout d'abord, les images acquises avec les caméras sont souvent de faible qualité, ne permettant pas en général de reconnaître les inscriptions sur les étiquettes des flacons. De plus, les flacons pouvant se cacher les uns les autres, ceux-ci doivent être modifiés. La solution généralement choisie est l'application de bandes de couleur [Valin et al., 2006, Ammouri et Bilodeau, 2008]. Là encore, les spécialistes affiliés à notre projet confirment la faisabilité d'une telle option. Afin de ne pas causer de confusion, les bandes de couleur sont simplement collées sur le flacon et non sur le couvercle, évitant d'obtenir deux régions pour le même flacon lorsque celle-ci est ouverte.

De plus, pour pallier les inconvénients de cette méthode, on cherche à éviter que la couleur de l'arrière plan, des vêtements des personnes et des objets présents dans la séquence (incluant les flacons) soient semblables à la couleur de la peau lors de la prise des séquences vidéo. Notons que [Batz et al., 2005] utilisent plutôt une bibliothèque de gabarits d'apparences différentes pour identifier les flacons plutôt que des bandes de couleurs.

3.2.2 Caméra

Maintenant que l'environnement de prise de médicaments est défini, on doit déterminer l'emplacement de la caméra. Plusieurs positionnements peuvent être envisagés (figure 3.1).

Cependant l'option de placer la caméra directement en face de la personne est toujours utilisée dans la littérature car elle a comme avantage de permettre de bien voir tant les bandes de couleur sur les flacons que le visage de la personne, en plus de limiter les faux contacts entre les mains. Toutefois, il pourrait arriver que du point de vue de la caméra, une main se trouvant devant une autre ou se trouvant devant un flacon soit perçue comme étant en contact. Cette situation est présentée à la figure 3.1(c), où les mains paraissent en contact avec les trois flacons. Ce problème est limité en plaçant la caméra devant la

46

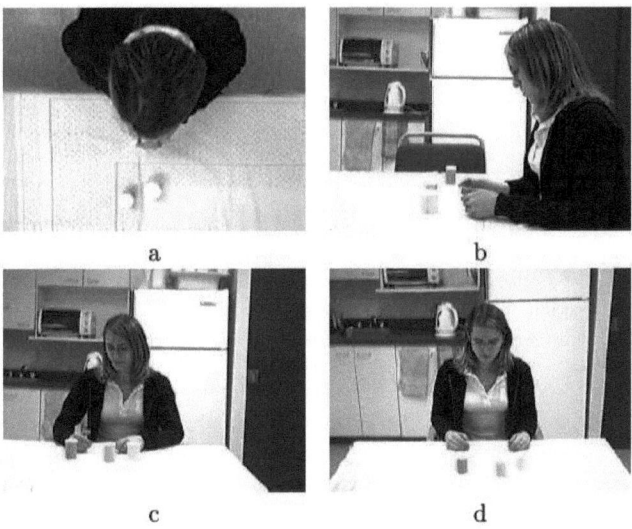

Figure 3.1. Vues obtenues selon une position de la camera a) de haut, b) de côté, c) directement de face et d) de face et surélevée [Valin et al., 2006]

personne, mais légèrement au-dessus de sa tête, comme à la figure 3.1(d), diminuant ainsi les occlusions. D'autres solutions possibles seront également discutées plus loin (chapitres 4 et 5). Toutefois, il est à noter que la reconnaissance d'activité n'est pas nécessairement faussée par la présence d'occlusions.

En ce qui a trait à la distance entre la caméra et la personne, les résultats semblent meilleurs lorsque la caméra se trouve relativement près de la personne. Ainsi, la taille des objets d'intérêt est plus grande, ce qui facilite leur détection et leur suivi.

3.2.3 Traitement en temps réel

Afin de pouvoir procéder à la détection de prise de médicaments en temps réel, le processus de détection et de suivi ne s'effectue que lorsque la personne se trouve complètement dans l'image, soit au moment où elle est assise à la table. Ainsi, lorsque la personne n'est pas en situation de prise de médicaments, le système ne travaille pas. Ceci est un élément important puisque même si le système procède à la détection et au suivi en temps réel, plus de temps peut être nécessaire pour la reconnaissance d'activité. Ainsi, le système pourra utiliser le temps où rien ne se passe après la prise de médicaments ou terminer le processus de reconnaissance et ainsi ne pas causer de débordement d'informations à traiter (overflow).

Dans les sections suivantes, nous abordons des méthodes connues pour la segmentation de couleur de peau et celles qui sont utilisées dans les systèmes de Batz et al. [Batz et al., 2005], Valin et al. [Valin et al., 2006] et Ammouri et al. [Ammouri et Bilodeau, 2008].

3.2.4 Segmentation de couleur de peau

La détection de peau joue un rôle important dans des applications de traitement d'image variant de la détection de visage, le suivi du visage, l'analyse du geste, la recherche d'images par le contenu et différents domaines de l'interaction homme-machine.

La détection de peau n'est pas une tâche facile pour des raisons diverses comme les conditions d'éclairage généralement inconnues, la diversité ethnique et raciale avec des teintes qui varient selon la personne, les caractéristiques d'appareil photo, sans oublier qu'un décor complexe, un maquillage, la coiffure ou les lunettes, les ombres et le mouvement peuvent compliquer cette tâche.

Récemment, des méthodes de détection de la peau basées sur l'information de couleur ont attiré beaucoup d'attention car elles sont rapides (calcul), robustes contre les rotations, les redimensionnements et les occultations partielles. De nombreux chercheurs tels que, Fleck et al. [Fleck et al., 1996], Kjeldsen et al. [Kjeldsen et Kender, 1996], ont montré que la couleur de la peau est localisée dans une bande étroite de l'espace de couleurs. Cette information peut donc facilement être utilisée pour marquer les pixels de couleur peau.

Plusieurs modèles de couleur de peau ont été proposés pour la détection des pixels de peau humaine dans les images couleur. La majorité de ces modèles utilise une méthode de segmentation basée sur le calcul d'histogramme de couleur ou une méthode qui dérive de cette dernière [Vezhnevets et al., 2003]. On distingue principalement deux axes de recherche pour cette approche couleur. Le premier, concerne la modélisation peau/non-peau permettant de distinguer les pixels de couleur de peau des autres couleurs. Le deuxième axe concerne le choix de l'espace de couleurs que nous devons adopter pour une bonne classification.

Etudions d'abord la première direction de recherche sur la construction d'un modèle de peau. Après avoir effectué une étude sur les différents modèles de peau basés sur la couleur, nous avons classifié les travaux en deux sous-axes principaux : modèle de peau paramétrique et modèle de peau non paramétrique. Ces derniers font appel respectivement à deux approches de la reconnaissance statistique : (1) Les techniques de classification paramétriques, et (2) les techniques de classification non paramétriques. Nous avons jugé utile de présenter dans la section suivante les fondements théoriques des techniques de classification utilisées par de nombreux chercheurs afin d'établir un modèle de peau. Ceci facilitera la compréhension de la majorité des modèles de peau évoqués dans les sections 3.2.4.2 et 3.2.4.3.

3.2.4.1 Fondements théoriques

Les méthodes de classification se déclinent généralement en 2 familles : supervisée et non supervisée. Si l'on dispose d'un ensemble de points étiquetés pour l'apprentissage, on parlera de classification supervisée. Dans le cas contraire, nous parlons d'une classification non supervisée ou classification automatique.

Dans notre cas, on dispose généralement d'un ensemble d'apprentissage où les classes sont connues (peau/non-peau), ainsi les méthodes de classification supervisée sont applicables. Ces dernières supposent la connaissance de l'appartenance de chaque échantillon d'un ensemble d'apprentissage à une classe donnée. À partir des échantillons soumis au système, ce dernier s'organise en vue de discriminer les échantillons ultérieurs. On dit que le système est capable de généraliser à partir des échantillons d'apprentissage.

On peut distinguer également deux catégories de méthodes de classification : (1) les méthodes indirectes qui utilisent la formule de Bayes, et (2) les méthodes directes qui évaluent les probabilités a posteriori d'appartenir à une classe sans faire intervenir la formule de Bayes. La formule de Bayes permet de déterminer les probabilités d'appartenance a posteriori si les densités de probabilité et les probabilités a priori sont connues. La règle de Bayes permet d'obtenir le taux minimum d'erreur de classification, ce qui est l'objectif souhaitable pour tout système de classification.

3.2.4.1.1 Les méthodes indirectes

Les méthodes indirectes représentent la base de la majorité des travaux de recherche qui traitent la modélisation de la peau. À l'intérieur de ce groupe de méthodes, on distingue encore les méthodes paramétriques (qui font usage d'une hypothèse sur la forme analytique de la distribution) et les méthodes non paramétriques (qui ne font usage d'aucune hypothèse sur la forme de distribution).

Pour résumer, la conception d'un système de classification demande :

1. La spécification des classes $\{Classe_k\}$.

2. La sélection des caractéristiques X des classes.

3. La spécification d'une représentation (modèle) pour $P(X/Classe_k)$, la vraisemblance qu'un pixel de caractéristiques X appartienne à la classe k. Cette spécification peut être une fonction paramétrique ou non paramétrique.

4. La spécification de $P(Classe_k)$, la probabilité a priori qu'un pixel appartienne à la $Classe_k$.

5. La classification basée sur la maximisation de la probabilité a posteriori $P(Classe_k/X)$ qu'un pixel de caractéristiques X appartienne à la classe k selon la formule de Bayes :

$$P(Classe_k/X) = \frac{P(X/Classe_k)p(Classe_k)}{p(X)} \tag{3.1}$$

Dans notre cas, pour chaque observation X, la classe $Classe_k$ est connue, et peut être la classe peau ou la classe non-peau. Il suffit donc d'estimer les densités de probabilité. Notons que la maximisation de la formule de Bayes par rapport à la classe ne nécessite pas le calcul de $p(X)$ qui est indépendant de la classe. Donc on peut aussi maximiser uniquement le numérateur pour simplifier. Cette décision minimise la probabilité d'erreur de classement.

3.2.4.1.2 Estimation paramétrique des densités de probabilité

Les méthodes paramétriques consistent à faire une hypothèse concernant la forme analytique de la distribution de probabilité recherchée, et à estimer les paramètres de cette distribution à partir des données dont on dispose. En d'autres termes, à l'aide de quelques paramètres (moyenne, variance,...), on ajuste la loi de distribution choisie par rapport aux individus à notre disposition. On obtient une estimation des paramètres, et l'on peut ensuite utiliser la forme analytique de la densité ainsi déterminée pour en déduire la densité en tout point de l'espace de représentation.

L'hypothèse la plus courante est que la répartition des individus de chacune des classes suit une loi gaussienne :

$$P(Classe_k/X) = N(\mu, \Sigma) = \frac{1}{(2\pi)^{n/2}\sqrt{|\Sigma_k|}}e^{-\frac{1}{2}(x-\mu_k)^T\Sigma_k^{-1}(x-\mu_k)} \tag{3.2}$$

avec Σ_k est la matrice de covariance de la classe k ; μ_k est la moyenne de la gaussienne de la classe k.

Ainsi, à partir des estimations des matrices de covariance, des moyennes des gaussiennes (pour chacune des classes) et des probabilités a priori, on calcule par la formule de Bayes les probabilités a posteriori d'appartenance d'un individu aux classes. La règle de décision consiste à classifier un individu dans la classe qui obtient la plus grande probabilité a posteriori.

3.2.4.1.3 Estimation non paramétrique des densités de probabilité

On a traité jusqu'ici la construction d'un classifieur sous l'hypothèse d'une loi de distribution explicitement paramétrée, pour chaque classe. Malheureusement, la forme de cette distribution est souvent difficile à choisir par manque d'un modèle suffisamment adéquat et complet de la réalité. Lorsqu'on ne peut pas faire d'hypothèse sur la distribution des individus, il faut se tourner vers des méthodes non paramétriques. Il s'agit de s'affranchir de l'hypothèse d'une loi paramétrique et d'estimer la distribution $P(X/Classe_k)$ de la classe courante par approximations.

Le principe de l'estimation non-paramétrique de la densité de probabilité est de délimiter une région R_N autour d'un point X considéré, puis de compter le nombre d'individus k_N (d'un ensemble d'apprentissage) appartenant à la classe k dans le volume V_N de cette région. Enfin on détermine la densité comme le rapport entre ce nombre (divisé par le nombre total d'individus N de la classe) et le volume de la région [Bishop, 1996]. Ainsi, on obtient une estimation de la densité de probabilité avec la formule suivante :

$$P(X/Classe_k) = k_N/(N.V_N) \qquad (3.3)$$

Ayant une telle fonction, on peut utiliser une technique optimale de classification en appliquant la règle de Bayes.

Certaines techniques non paramétriques placent une surface de décision autour de chaque échantillon d'une classe. D'autres estiment la densité de probabilité par une table de fréquence d'occurrence (un histogramme). Le problème principal dans l'estimation d'une fonction de densité pour un vecteur de caractéristiques est la croissance exponentielle du nombre de cellules N avec le nombre de dimensions D. Ceci induit une croissance exponentielle dans les nombres d'exemples M nécessaires.

3.2.4.1.4 Les méthodes directes

L'estimation directe de la probabilité a posteriori $P(Classe_k/X)$ qu'un pixel de caractéristiques X appartienne à la classe k sans la formule de Bayes est possible en utilisant un approche non paramétrique qui consiste à calculer pour une région donnée autour du point X le nombre d'échantillons (d'un ensemble d'apprentissage) appartenant à la classe k par rapport au nombre total d'échantillons (de toutes les classes) dans cette région (méthode des K-plus proches voisins - kNN). Cette méthode est moins utilisée dans la littérature pour la modélisation de la peau.

3.2.4.2 Modèle de peau paramétrique

Les modèles de peau paramétriques permettent d'approcher les distributions avec quelques fonctions spécifiques paramétrées. Ils offrent trois avantages : (1) ils apportent un gain en espace mémoire ainsi qu'en possibilité de manipulation ; (2) ils donnent plus d'intelligence et de finesse dans les formes ou dans la régularité des distributions ; et (3) ils ont la capacité d'interpoler et de généraliser les données d'apprentissage quand elles sont dispersées. Différentes fonctions peuvent être appliquées en fonction du problème. Nous présentons dans la suite les méthodes paramétriques les plus utilisées pour construire un modèle de peau et de non-peau.

3.2.4.2.1 Modèle basé sur une simple gaussienne

Pour des conditions contrôlées d'éclairage, la couleur de peau des individus différents se regroupe dans une petite région et sa distribution peut être modélisée par une distribution normale (Gaussienne). La distribution de couleur de peau est estimée par une fonction de densité de probabilité gaussienne :

$$p(c|peau) = \frac{1}{2\pi\sqrt{|\Sigma_{peau}|}} e^{-\frac{1}{2}(c-\mu_{peau})^T \Sigma_{peau}^{-1}(c-\mu_{peau})} \tag{3.4}$$

où c est la variable aléatoire à deux dimensions représentant le couple de chrominance (Cr et Cb dans l'espace couleur $YCrCb$. On ne retient pas l'intensité Y qui dépend de l'éclairage, voir plus bas) ; μ_{peau} et Σ_{peau} sont respectivement l'espérance et la matrice de covariance représentant les paramètres du modèle gaussien.

La probabilité (vraisemblance) peut être utilisée directement pour la classification en comparant à un certain seuil estimé empiriquement à partir des données d'entraînement [Yang et Ahuja, 1998, Kuchi et al., 2007]. Alternativement, nous pouvons également comparer la distance de Mahalanobis (il s'agit de l'argument de l'exponentielle) de la couleur de pixel d'image à un certain seuil [Terrillon et al., 2000, Hsu et al., 2002, Lee et Yoo, 2002]. Dans ces cas une seule classe (peau) est modélisée.

3.2.4.2.2 Modèle basé sur un mélange de Gaussiennes

Bien que la couleur de peau des individus différents se regroupe dans une petite région dans l'espace de couleurs, il est démontré que différents modes coexistent au sein de ce groupe, donc il ne peut pas être modélisé de façon efficace par une distribution gaussienne unique [Yang et Ahuja, 1998]. L'idée clé de l'utilisation de multiples composantes est que les différentes parties du visage éclairé d'une manière différente peut être détectées par différentes composantes. Le mélange de Gaussiennes est une extension de la simple gaussienne. À la différence d'une simple Gaussienne, il a la capacité de représenter les distributions les plus complexes. Dans ce cas la fonction de densité de probabilité gaussienne est représentée comme suit :

$$p(c|peau) = \sum_{n=1}^{N} w_n p_n(c|peau) \tag{3.5}$$

avec p_n : les noyaux des gaussiennes définis dans 3.4 ; chaque p_n est lui-même une distribution gaussienne ; N est le nombre de noyaux gaussiens qu'il faut choisir correctement de sorte que le modèle puisse bien représenter les données d'apprentissage ; w_n sont les poids des noyaux correspondants dont la somme est égale à 1.

Dans ce cas, trois ensembles de paramètres sont à estimer (w_n, μ_n, Σ_n). Généralement l'algorithme EM (*Expectation Maximization*) est appliqué pour estimer ces paramètres. La figure 3.2 illustre un mélange de trois gaussiennes son histogramme correspondant.

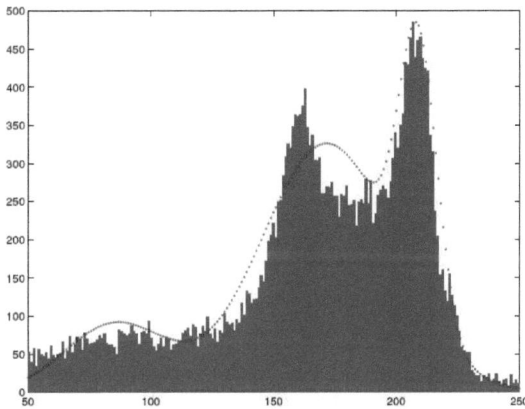

Figure 3.2. Les 3-composantes de mélange de Gaussiennes et les données originales.

Le choix du nombre de composantes gaussiennes N est très critique pour les données d'entraînement ainsi que le choix de l'espace de couleurs (voir section 3.2.4.5). Différents chercheurs ont utilisé différentes valeurs de N, variant de 2 à 16. De nombreux chercheurs ont donc utilisé le mélange de gaussiennes - un modèle plus capable de décrire des distributions de forme complexe, qui vise à mieux représenter et modéliser la portion d'un espace de couleurs associée à la couleur peau [Greenspan et al., 2001, Caetano et al., 2003, Lee et Yoo, 2002, Huynh-Thu et al., 2002, Jones et Rehg, 2002, McKenna et al., 1998].

3.2.4.3 Modèle de peau non paramétrique

La recherche selon cette approche vise à estimer la distribution de couleurs de peau des données d'apprentissage sans aucune hypothèse sur la distribution.

3.2.4.3.1 Classification de pixels par table de correspondance

Cette méthode consiste à construire dans un premier temps un modèle de peau en se basant sur le calcul d'histogrammes à partir d'exemples. Elle l'applique ensuite à une image ou à une scène pour obtenir une carte de probabilité en associant à chaque pixel sa probabilité d'appartenance à une instance du modèle. À partir de cette carte, les pixels sont classés. Cette méthode a été appliquée dans plusieurs algorithmes de détection et de suivi de visage pour segmenter les pixels de peau [Zarit et al., 1999, Gómez, 2002, Sigal et al., 2000, Birchfield, 1998].

Après la projection dans un espace de couleurs bien choisi, le modèle prend la forme d'un histogramme des valeurs des pixels de la base d'exemples. En effet, l'espace de couleurs est quantifié par un nombre de cases (bins). À chaque case des axes utilisés est associé le nombre de fois que la valeur de couleur s'est produite dans les images de peau de la base d'apprentissage. Ces cases forment donc un histogramme de couleur ($3D$) ou ($2D$) désigné dans certains travaux sous le nom de table de correspondances *"Lookup Table - LUT"*.

Nous signalons que les histogrammes ($2D$) ont été plus utilisés dans la littérature. Nous citons l'espace (r, g) (composantes R et G normalisées du système RGB) par Bérard [Bérard, 1999], l'espace (H, S) (teinte et saturation du système HSL) par [Wu et al., 2000]. En effet, à partir d'un histogramme tridimensionnel ($3D$) on peut déduire un histogramme bidimensionnel ($2D$), en négligeant la composante intensité et en ne conservant que l'information chromatique.

D'autres chercheurs préfèrent l'utilisation d'un histogramme tridimensionnel. Quek et al. [Quek et al., 1995] ont construit leur table de correspondances dans l'espace RGB à partir d'une base d'images prise contre un arrière-plan simple afin de permettre une segmentation facile des pixels.

Une fois l'histogramme construit, il est normalisé et ces valeurs sont converties en distribution discrète $p(c|peau)$, comme :

$$p(c|peau) = \frac{peau(c)}{N} \tag{3.6}$$

où $peau(c)$ est le nombre de pixels associés à une case (bins) de l'histogramme de peau formé par le vecteur de couleur c et N est le nombre total de pixels de peau [Jones et

Rehg, 2002]. Les valeurs normalisées de cette table constituent la probabilité qu'une couleur corresponde à la peau. Un pixel est considéré comme pixel de peau si sa valeur dépasse un certain seuil.

Swain et al. [Swain et Ballard, 1991] montrent que l'histogramme de chrominance est un modèle fiable pour la reconnaissance d'entités colorées. Ils expérimentent différents types d'histogrammes dont ceux créés à partir des composantes rouges et vertes normalisées. Une cellule de coordonnées (r, g) de l'histogramme à deux dimensions h_E donne le nombre de pixels de l'échantillon E ayant une chrominance de composante rouge r et verte g. Cet histogramme permet de définir la probabilité de l'équation 3.7 par :

$$P(c|peau) = \frac{1}{n_E} h_E(c) = \frac{1}{n_E} h_E(c_r, c_g)$$ (3.7)

où n_E est le nombre total de pixels de l'ensemble E.

Pour classifier les pixels en pixels de peau ou non peau, Cai et al. [Cai et Goshtasby, 1999] utilise une table de correspondances construite selon les deux axes de couleur a et b de l'espace $CIE\ Lab$. La table a été établie à partir de 2300 échantillons de peau extraits de 80 images contenant des pixels de peau. Pour classifier les pixels d'une image, une image de probabilité de peau est établie selon le diagramme de chrominance (a et b). De cette image les auteurs localisent les pics locaux, servant comme germes pour effectuer la segmentation de l'image. Le résultat est une image contenant des régions de peau et des régions non-peau. Cette méthode est dédiée à la détection de visage c'est pourquoi les auteurs comparent aussi chaque région de peau avec un gabarit (template) de visage.

3.2.4.3.2 Modèle basé sur l'appariement d'histogrammes

Saxe et al. [Saxe et Foulds, 1996] utilisent l'espace de couleurs HSV et une technique basée sur l'appariement d'histogrammes, décrite dans [Swain et Ballard, 1991]. L'histogramme de couleur calcule la fréquence d'apparition de chaque couleur, et ne prend pas en compte la disposition spatiale des pixels dans l'image. Il est donc invariable à la rotation et à la translation, ce qui est une propriété intéressante pour apparier. Les auteurs suggèrent une sélection d'une région de peau, appelée région de contrôle, qui est comparée ensuite au reste de l'image en utilisant l'appariement d'histogramme. Il s'agit de comparer l'histogramme de la région de contrôle avec les histogrammes des régions de même taille de l'image. Dans un premier temps l'algorithme transforme l'image d'entrée dans l'espace de couleurs HSV. Puis c'est à l'utilisateur de choisir manuellement la région de contrôle. Une fois la région de contrôle choisie, l'image est examinée région par région en utilisant la méthode d'intersection d'histogrammes (équation 3.8).

$$M_{C,I} = \frac{\sum_{i,j} min(H^C(i,j), H^I(i,j))}{\sum_{i,j} H^C(i,j)} \tag{3.8}$$

Les histogrammes sont calculés en se basant sur les valeurs de teinte et de saturation (H et S du système HSV). Si le score d'appariement ($M_{C,I}$) entre l'histogramme de contrôle (H^C) et l'histogramme correspondant à un bloc de pixels de l'image (H^I), excède un seuil, le bloc est considéré comme peau. Une fois que tous les blocs de l'image ont été examinés, l'identification de blocs de peau sera améliorée par élimination de blocs isolés. Un bloc est considéré comme isolé quand aucun de ses huit voisins n'a été marqué comme peau. Finalement, l'algorithme choisit un nouveau bloc de contrôle parmi les blocs de peau qui ont été conservés (ne comprenant pas les blocs retirés) et le processus sera répété. Quand aucun nouveau bloc n'a été identifié pendant l'itération en cours, le processus d'identification des blocs de peau est considéré comme achevé.

Toutefois, cet algorithme rencontre plusieurs problèmes. Le premier correspond au choix du bloc initial de contrôle qui est parfois trop critique. Les auteurs ne fournissent pas beaucoup de détails sur la façon de choisir un nouveau bloc de contrôle. En effet dans certains cas, en utilisant un même seuil, on peut avoir deux résultats différents si l'emplacement de la sélection initiale du bloc de contrôle diffère seulement par deux pixels. Ainsi cet algorithme exige une bonne sélection initiale. En revanche dans certain cas l'utilisateur peut choisir arbitrairement la meilleure sélection initiale. Le second problème réside dans le choix du seuil adéquat qui est choisi manuellement. Un petit changement du seuil a comme conséquence un grand changement des résultats.

Ahmad [Ahmad, 1995] utilise également une méthode basée sur l'appariement des histogrammes pour segmenter les régions de peau dans l'image.

3.2.4.3.3 Modèle Bayésien basé sur les histogrammes

Dans cette méthode, les histogrammes 2D ou 3D des couleurs sont utilisés pour représenter la répartition des tons de peau. La représentation par les histogrammes est peu affectée par les occlusions, les changements de point de vue, et peut-être utilisée pour différencier un grand nombre d'objets [Yang et al., 1998]. L'espace de couleurs est quantifié à un certain nombre de bins c contenant le nombre de pixels de la couleur correspondante. $N_{peau}(c)$ représente donc le nombre de pixels de couleur c pour la classe de peau et $N_{\neg peau}(c)$ pour la classe de non-peau. Enfin ils normalisent chaque bin pour obtenir la vraisemblance des pixels de peau $p(c|peau)$ et de non peau $p(c|nonpeau)$. Supposons que N_{peau} représente le nombre total de pixels de peau et $N_{\neg peau}$ le nombre total de pixels de non-peau dans la base d'apprentissage, nous avons :

$$p(c|peau) = \frac{N_{peau}(c)}{N_{peau}} \qquad (3.9)$$

$$p(c|\neg peau) = \frac{N_{\neg peau}(c)}{N_{\neg peau}} \qquad (3.10)$$

Ce qui signifie aussi que les probabilités a priori sont :

$$p(peau) = \frac{N_{peau}}{N_{peau} + N_{\neg peau}} \qquad (3.11)$$

$$p(\neg peau) = \frac{N_{\neg peau}}{N_{peau} + N_{\neg peau}} = 1 - p(peau) \qquad (3.12)$$

Par la suite, la formule de Bayes ci-dessous est utilisée pour calculer la probabilité qu'un pixel soit un pixel de peau ou non selon par sa couleur.

$$p(peau|c) = \frac{p(c|peau)p(peau)}{p(c|peau)p(peau) + p(c|\neg peau)p(\neg peau)} \qquad (3.13)$$

$$p(\neg peau|c) = 1 - p(peau|c) \qquad (3.14)$$

La décision concernant les deux classes est faite selon un seuil choisi θ, $0 < \theta < 1$. Le pixel sera considéré comme un pixel de peau si $p(peau|c) > \theta$ et de non-peau sinon.

Zarit et al. [Zarit et al., 1999], Yoo et al. [Yoo et Oh, 1999] ont utilisé une approche basée sur l'histogramme pour classer les pixels de peau. Jones et al. [Jones et Rehg, 2002] a construit un modèle histogramme 3D dans l'espace RGB avec deux milliards de pixels recueillies auprès de 18 696 images. À partir d'histogramme générique de peau et non-peau, Jones et al. ont montré qu'il existe une séparation raisonnable entre les classes de peau et non-peau. Le classifieur Bayesien basé sur histogramme (également appelé comme la carte de probabilité de peau) est largement utilisé pour la segmentation de la peau. La méthode est simple et rapide puisque nous avons besoin de seulement deux tables de référence pour calculer la probabilité de peau et non peau.

3.2.4.3.4 Carte auto adaptative

L'algorithme carte auto adaptive (Self-Organizing Map - SOM) [Kohonen, 2001], encore appelé algorithme de Kohonen, est l'un des plus populaires et des plus utilisés des réseaux neuronaux artificiels non supervisés [Alaoui et al., 2004].

Brown et al. [Brown et al., 2001] ont appliqué l'algorithme (SOM) pour identifier les pixels de peau dans l'image, comme étape préliminaire dans leur système de détection de visages. Ils ont construit deux SOMs, le premier ne représente que des pixels de peau, appris à partir de 30 000 pixels de peau, alors que le deuxième représente des pixels de peau et de non peau où 15 000 pixels de chaque classe ont été utilisés. Les auteurs ont choisi de travailler avec un espace de couleurs à deux dimensions (r, g). L'architecture de la carte pourrait être rectangulaire ou hexagonale, mais ils ont opté pour une architecture hexagonale. La figure 3.3 représente un exemple de segmentation de couleur peau avec SOM.

Figure 3.3. Exemple de segmentation de couleur peau avec SOM [Brown et al., 2001].

Ces auteurs ont effectué une série de tests afin de comparer leur modèle avec deux autres modèles : (1) modèle de mélange de gaussienne et (2) modèle basé sur les histogrammes décrit dans [Jones et Rehg, 2002]. Ils ont prouvé que l'algorithme SOM est légèrement meilleur que le premier modèle, alors qu'il est inférieur au deuxième au niveau de la classification de pixels. L'avantage de leur méthode est qu'elle consomme moins de ressources que les deux méthodes citées.

Certains auteurs ont également proposé un apprentissage automatique des couleurs représentant la peau à l'aide de réseaux neuronaux [Ishii et al., 1999, Phung et al., 2001]. Ceux-ci peuvent être entraînés à partir d'échantillons de pixels représentant la peau (et de contre-exemples), préalablement converti dans l'espace de couleurs $YCrCb$. Par ailleurs, d'autres espaces de couleurs peuvent être utilisés dans ce contexte.

3.2.4.4 Autres modèles basés sur la couleur

Les couleurs de peau humaine d'individus différents se regroupent dans une petite région dans l'espace de couleurs, lorsque les images sont prises sous des environnements d'éclairage contrôlé [Yang et al., 1998]. Dans des applications spécifiques telles que le suivi de visage, ou encore le filtrage des images de nudité (par ex. sur Internet), la détection de peau est juste une étape préalable et devrait donc être rapide. Une méthode pour établir un classifieur de peau rapide est de définir explicitement (par un certain nombre de règles) les bornes des régions de peau dans un espace de couleurs.

La simplicité de cette méthode a attiré beaucoup de chercheurs. À titre d'exemple Kovac et al. [Kovac et al., 2003] considèrent un pixel comme pixel de couleur de peau si chacune des conditions suivantes est respectée : $R > 95$, $G > 40$, $B > 20$, $max\{R, G, B\} - min\{R, G, B\} > 15$, $|R - G| > 15$, $R > G$, $R > B$. Des bornes fixes de couleur dans l'espace de couleurs HSV avec $H \in [0, 50]$, $S \in [0.23, 0.68]$ [Sobottka et Pitas, 1996, Sobottka et Pitas, 1998], ont aussi été définies comme des pixels de la peau. Chai et al. [Chai et Ngan, 1999] ont proposé un algorithme de segmentation du visage où ils ont utilisé une gamme fixe de valeur pour créer la carte de couleur de peau, dans les plans $CrCb$. Les valeurs des pixels sont $Cb \in [77, 127]$, et $Cr \in [133, 173]$ pour des pixels de la peau sur la base de données de la peau et de visage ECU. Garcia et al. [Garcia et Tziritas, 1999] a segmenté la couleur de peau en utilisant huit seuils dans l'espace $YCrCb$ ou six seuils dans l'espace HSV. Wang et al. [Wang et Yuan, 2001] a utilisé des seuils dans l'espace HSV et l'espace rgb. Les valeurs de seuil sont $r \in [0.36, 0.465]$, $v \in [0.28, 0.363]$, $H \in [0, 50]$, $S \in [0.20, 0.68]$ et $V \in [0.35, 1.0]$ pour discriminer les pixels de peau et de non-peau.

L'avantage de cette méthode est que la simplicité des règles de décision utilisées pour discriminer les pixels de peau de ceux de non-peau, produit une classification très rapide. Néanmoins, l'inconvénient majeur consiste dans le choix de l'espace de couleurs ainsi que les règles et les seuils de décision empiriques.

3.2.4.5 Espace de couleurs

Dans les systèmes de vision, le choix d'un système adapté de la représentation de la couleur est un problème très délicat. L'espace de couleurs le plus fréquemment utilisé est celui de RGB. Il décrit la couleur comme la combinaison de trois couleurs primaires (Rouge-Verte-Bleue). Tout autre espace de couleurs peut être obtenu à partir d'une transformation linéaire ou non-linéaire de RGB. La transformation d'un espace de couleurs doit idéalement réduire le chevauchement entre les pixels peau et les pixels non-peau, aidant ainsi la classification des pixels de peau et permettant de fournir des paramètres robustes contre les différentes conditions d'éclairage. Il est observé que la couleur de peau diffère plus dans l'intensité (à cause des variations d'éclairage) que dans la chrominance [Yang et al., 1998]. Par conséquent, il est de pratique courante de supprimer la composante de luminance pour la classification des pixels de peau. Dans cette section, nous passons en revue les espaces de couleurs les plus largement utilisés pour la détection de la peau et leurs propriétés.

Dans les travaux [Brand et Mason, 2000, Jones et Rehg, 2002], l'espace de couleurs RGB a été utilisé pour la segmentation d'image de couleur de peau. L'espace de couleurs rgb est aussi populaire. Il est observé que, sous certaines hypothèses, les différences de couleur des pixels de la peau en raison des conditions d'éclairage et en raison de l'appartenance ethnique peut être considérablement réduite dans l'espace rgb. De nombreux articles recommandent une détection de peau dans cette espace [Schwerdt et Crowley, 2000, Yang et al., 1998, Zarit et al., 1999, Brown et al., 2001].

L'espace de couleurs HSV (Hue, Saturation, Value), ainsi que ses variantes, HSI (Hue, Saturation, Intensity) et HLS (Hue, Lightness, Saturation) ont été utilisés fréquemment dans les travaux sur la détection de la peau [Sobottka et Pitas, 1996, Terrillon et al., 2000, Sigal et al., 2004]. L'espace $YCrCb$ est l'un des choix les plus populaires pour la détection de la peau, et est utilisé dans [Chai et Bouzerdoum, 2000, Hsu et al., 2002, Wong et al., 2003, Phung et al., 2002, Menser et Wien, 2000]. Ces travaux affirment que l'espace de couleurs $YCrCb$ permet une bonne détection des pixels de la peau. Une variante de $YCrCb$ appelé $YCrCg$ est utilisée par DeDios et al. [DeDios et García, 2003] où elle est signalée être meilleure que $YCrCb$.

Par ailleurs, certaines recherches utilisent le ratio des couleurs où une combinaison des composantes de couleurs avec les ratios des couleurs pour détecter la couleur de peau : le ratio R/G [Brand et Mason, 2000, Gómez, 2002], une combinaison de E (de YES), la ratio R/G et H (de HSV) [Gómez, 2002]. Les auteurs montrent que ce nouvel espace de mélange n'est pas sensible au bruit et aux conditions d'éclairage. Brand et al. [Brand et Mason, 2000] ont évalué les performances des ratios de couleur avec d'autres algorithmes et ils ont conclu que la combinaison des ratios de couleur $(R/G + R/B + G/B)$ a fourni une réponse meilleure que les ratios individuels. Dans une moindre mesure, certains articles affirment qu'une bonne détection peut se faire dans d'autres espaces de couleur, tels que les espaces YIQ [Wang et Brandstein, 1999, Brand et Mason, 2000], YUV [Collobert et al., 1996, Marqués et Vilaplana, 2000], XYZ de CIE [Wu et al., 1996], $CIE\ L*a*b*$ [Cai et Goshtasby, 1999, Kawato et Ohya, 2000], $CIE - Luv$ [Wyszecki et Stiles, 1982, Yang et Ahuja, 1998].

3.2.4.6 Discussion des méthodes

L'avantage principal des méthodes de seuillage explicite est la simplicité et l'intuitivité des règles de classification. Cependant, la difficulté associée est la nécessité de trouver empiriquement le bon espace de couleurs et les règles de décision adéquates. Les valeurs de seuil fixées diffèrent d'une espace de couleurs à l'autre et diffèrent d'un éclairage à l'autre. Il est très difficile de trouver une gamme de valeurs de seuil qui couvre tous les sujets de couleur de peau différente. Cette technique est moins précise dans le cas d'ombres et de situations où la couleur de la peau ne se distingue pas du fond. Dans la plupart des situations, la technique de seuillage explicite pour la segmentation de la peau est moins précise et donc normalement suivie d'une approche dynamique de l'adaptation.

Récemment, la méthode proposée par Gomez et al. [Gómez et Morales, 2002] montre qu'en utilisant les algorithmes d'entraînement automatiques pour trouver à la fois l'espace de couleurs et des règles de décision simples est une manière de surmonter ces difficultés.

Les méthodes non paramétriques (table de correspondance, histogramme, carte auto adaptive) sont rapides en ce qui concerne l'entraînement et la classification, indépendante de la forme de la distribution et de la sélection d'espace de couleurs (voir la section suivante). Par contre, les méthodes non paramétriques nécessitent beaucoup d'espace de stockage pour l'ensemble des données d'entraînement. Les méthodes paramétriques (Gaussiennes, distance de Mahalanobis) peuvent aussi être rapides, et ont la capacité utile d'interpoler et de généraliser les données d'entraînement incomplètes. Elles sont exprimées par un petit nombre de paramètres et exigent très peu d'espace de stockage. Toutefois, elles peuvent être vraiment très lentes (comme pour un mélange gaussien) tant dans l'entraînement que pour l'exécution, et leur performance dépend fortement de la forme de la distribution des couleurs de peau. D'ailleurs, la plupart des méthodes de modélisation paramétrique de peau ignorent les statistiques de couleur non-peau (trop compliquées à modéliser sous forme paramétrique). De plus, ces méthodes produisent un haut taux de faux positifs, par rapport aux méthodes non paramétriques.

3.2.4.7 Discussion des espaces de couleur

Quelques recherches ont été consacrées à l'analyse comparative des différents espaces de couleurs utilisés pour la détection de la peau [Terrillon et al., 2000, Gómez et al., 2002, Stern et Efros, 2002]. La performance des classifieurs paramétriques de la peau dépend largement du choix de l'espace de couleurs - cela peut être observé par les résultats obtenus dans [Terrillon et al., 2000, Lee et Yoo, 2002]. Les méthodes, qui utilisent explicitement des bornes pour les régions de peau profitent également avantageusement du choix d'espace de couleurs approprié [Kovac et al., 2003, Gómez et Morales, 2002]. Les méthodes non paramétriques (SPM Bayes, SOM, LUT), au contraire, sont presque indépendantes du choix de l'espace de couleurs [Zarit et al., 1999, Brown et al., 2001]. Nous croyons que le recouvrement des distributions de peau et de non-peau abîme fortement les performances des modèles paramétriques de couleur de peau [Terrillon et al., 2000, Lee et Yoo, 2002] et les méthodes par table de correspondance (LUT) [Zarit et al., 1999], parce que ces chevauchements ne sont pas pris en compte par ces modèles. L'indépendance sur le choix de l'espace de couleurs pour la plupart des modèles non paramétriques s'accorde bien avec les résultats théoriques obtenus dans [Albiol et al., 2001].

Une méthode de commutation adaptive d'espace de couleurs pour le suivi du visage est proposée dans [Stern et Efros, 2002]. L'espace de couleurs optimal pour une séquence de vidéo est déterminé par une mesure simple de qualité d'espace de couleurs. Le changement dynamique d'espace de couleurs est destiné à contribuer à la robustesse de méthodes de suivi du visage. Toutefois, à partir des données expérimentales, fournies par les auteurs, parmi les cinq espace de couleurs (RGB, rgb, HS, YQ, et CrCb) et les composantes RG de l'espace RGB, rgb et HS opèrent à peu près également et beaucoup mieux que les autres. La commutation adaptive d'espace de couleurs apporte un peu mieux que l'utilisation unique de l'espace de couleurs HS ou rgb.

3.2.4.8 Détection de couleur peau dans la vidéosurveillance de prise de médicaments

Des recherches sur la vidéosurveillance de prise de médicaments [Batz et al., 2005, Valin et al., 2006, Ammouri et Bilodeau, 2008] ont utilisé aussi l'information de couleur de peau pour détecter et suivre des régions de peau comme le visage et les mains. Batz et al. [Batz et al., 2005] ont utilisé une Gaussienne 2D pour modéliser la distribution des pixels dans l'espace $CrCb$ et segmenter la couleur de peau. La méthode présentée dans [Birchfield, 1998] est utilisée dans [Valin et al., 2006] pour détecter et suivre le visage et les mains. Ammouri et al. [Ammouri et Bilodeau, 2008] ont utilisé la technique de seuillage explicite dans l'espace de couleurs HSV pour segmenter les couleurs de peau.

3.2.5 Détection et suivi des régions d'intérêt

3.2.5.1 Détection et suivi de visage

Une grande variété de méthodes de détection du visage a été proposée dans les dernières années. La plupart d'entre elles s'attardent par contre à répondre aux questions *"Y a-t-il des visages dans cette image ? Si oui, où sont-ils ?"*, sans toutefois extraire les coordonnées des caractéristiques du visage (par ex. yeux, nez, bouche). Cependant, il est possible dans plusieurs cas de dériver ou de spécialiser la technique afin d'obtenir ces informations supplémentaires.

Les systèmes actuels de détection de visage peuvent être classés selon que l'on se base sur le visage entier ou sur des traits caractéristiques du visage [Hjelmås et Low, 2001]. Dans la première approche on génère une base d'exemples à apprendre un classifieur ce qu'est un visage (Réseau Neuronal, Machines à Vecteurs de Support, Analyse en Composantes Principales - Eigenfaces...). Ces systèmes sont très performants [Feraud et al., 2001, Garcia et Delakis, 2002] mais très lents car lourds à mettre en œuvre. Pour atteindre le temps réel (40ms) ils nécessitent une implémentation spécifique (ZISCs, FPGA ou DSP) [Yang et Paindavoine, 2003]. Dans la seconde approche on peut distinguer trois niveaux d'analyse. Au niveau le plus rudimentaire, on prend en compte le mouvement, la couleur ou les niveaux de gris pour détecter des régions ("blobs") ressemblant à un visage, de face généralement. Cette approche est réalisable en temps réel mais peu robuste. À un niveau d'analyse intermédiaire, on cherche à détecter des caractéristiques indépendantes des conditions lumineuses et de l'orientation des visages. Enfin, à un haut niveau d'analyse, on recherche des traits caractéristiques du visage tels que les yeux, les contours extérieurs, le nez et la bouche que l'on associe à des gabarits connus a priori ou appris [Chiang et al., 2003]. Des modèles

62

déformables, des snakes ou des "Point Distributed Models (PDM)" peuvent être alors utilisés. Ces derniers modèles requièrent une bonne résolution de l'image et sont difficilement réalisables en temps réel. Cependant, une fois le visage détecté, il est alors possible de le suivre en temps-réel [Toennies et al., 2002]. Les prochaines sous-sections résumeront donc les principales méthodes de détection du visage.

3.2.5.1.1 Couleurs

Lorsque les images d'entrée sont en couleur, il est avantageux d'utiliser cette information supplémentaire pour isoler les régions susceptibles de contenir des visages. La littérature sur les méthodes et les espaces de couleurs utilisés pour segmenter la couleur de peau est présentée dans les sections 3.2.4. Dans cette section, nous présentons les méthodes de détection du visage utilisant la couleur de peau.

Il y a plusieurs modèles de couleurs pouvant s'appliquer à la détection de la peau et l'un des espaces le plus couramment utilisé pour effectuer cette tâche est le HSV [Sobottka et Pitas, 1996]. L'avantage du HSV pour la détection des couleurs réside dans le fait qu'un des canaux représente la luminance (Value V). Cette particularité permet d'exprimer valablement les couleurs sans se soucier des variations de luminosité. Plus particulièrement, les figures 3.4(a) à 3.4(c) représentent les images originales alors que les images 3.4(d) à 3.4(f) illustrent les résultats d'extraction.

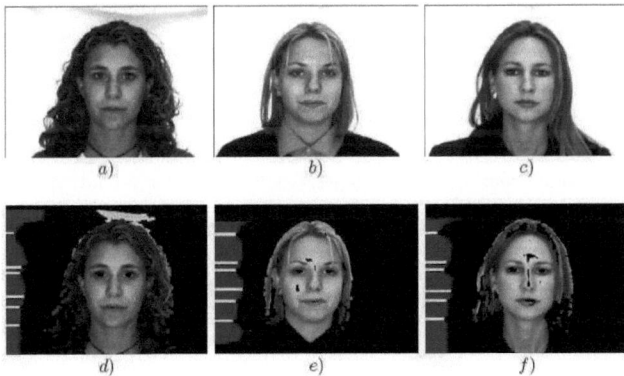

Figure 3.4. Exemple d'extraction des pixels représentant la peau (HSV). a) b) c) Images originales, d) e) et f) Extraction de la peau et reliefs de projections horizontales des intensités moyennes. Les lignes blanches représentent les minimums globaux correspondants à certaines caractéristiques du visage [Lemieux, 2003].

De nombreux chercheurs ont proposé différentes techniques pour détecter les visages humains à partir d'images. Dans [Kewei et al., 1999, Albiol et al., 2001], l'espace de couleurs $YCrCb$ est utilisé pour détecter les visages dans la séquence vidéo. Un histogramme 2D des valeurs $CrCb$ est employé pour séparer la région du visage de l'arrière-plan [Kewei et al., 1999] et les visages sont détectés par la correspondance avec une forme d'ellipse en utilisant des critères basés sur les caractéristiques du visage.

Des modèles gaussiens ont été utilisés pour construire les modèles de couleur de peau basés sur les espaces de couleur $YCrCb$ [Campadelli et al., 2003] ou rgb [Zhao et al., 2004]. Une image de probabilité est obtenue à partir du modèle, et est une image en niveaux de gris dont les valeurs de gris représentent la probabilité que le pixel appartienne à la peau. Ensuite, les régions de peau et de non-peau sont obtenues par seuillage de l'image de probabilité. Les visages sont ensuite détectés en calculant le rapport entre la largeur et la hauteur, et le nombre de trous représentant les yeux et la bouche à l'intérieur des régions extraites de la peau [Zhao et al., 2004].

Il est intéressant de remarquer les fausses détections pour les cheveux ainsi que les régions non détectées (p. ex. : front) dans la figure 3.4. Cela peut s'expliquer par le fait que certaines zones reflètent davantage la lumière et semblent ainsi plus éclairées, ce qui modifie la couleur de la région dans l'espace HSV. Dans ce cas bien précis, la saturation tend vers 0 et la valeur V vers 1, ce qui est représenté sur le cône hexagonal du système HSV par une région située au centre de sa base. Autrement dit, lorsque la saturation est basse et que la valeur est élevée, la couleur tend vers le blanc, échappant donc aux seuils de détection. Pour ce qui est des cheveux, ils peuvent correspondre dans certains cas aux couleurs de la peau.

La détection des composantes du visage peut se faire à partir des résultats de l'extraction de la peau. Une des méthodes envisageable consiste à analyser les trous contenus dans la zone de peau, comme ceux qui sont générés par les yeux. La validation peut alors être réalisée en respectant différentes règles de positionnement (des trous entre eux et par rapport au visage) et de taille. Ces règles peuvent être ajustées dynamiquement en analysant les moments [2] [Teague, 1980] de la zone de peau.

Un autre technique possible consiste à effectuer des projections (horizontales et verticales) afin de produire des reliefs d'intensités moyennes. Les images 3.4(d) à 3.4(f) illustrent notamment les reliefs horizontaux correspondants aux images 3.4(a) à 3.4(c). Dans ces exemples, les zones sombres du visage (c.-à-d. : yeux, bouche, nez, menton) sont caractérisées par des moyennes d'intensités plus basses, produisant des creux dans les reliefs. Les yeux peuvent alors être localisés à l'aide du relief vertical généré par la ligne horizontale

---

2. L'analyse des moments fournie entre autres les orientations maximales de la zone de peau, informations utiles entre autres pour l'estimation de l'inclinaison de la tête et la validation de la position des yeux.

correspondante. Cette méthode a été utilisée avec succès dans différents travaux [Sobottka et Pitas, 1996].

3.2.5.1.2 Appariement de gabarits (Template matching)

L'appariement de gabarit, ou *template matching*, est certainement une des techniques de détection du visage la plus simple qui soit. Elle consiste en effet à comparer l'intensité des pixels entre un gabarit prédéfini et plusieurs sous-régions de l'image à analyser. Ce processus revient en pratique à effectuer plusieurs balayages couvrant toute la superficie de l'image. Les endroits les plus propices à la présence de visages seront donc facilement identifiés par des minimums de distance entre le gabarit et l'image sous-jacente.

Parmi les distances envisageables, il y a notamment la distance euclidienne, la corrélation croisée, ainsi que plusieurs autres [3]. Il est à noter que cette technique peut également être appliquée sur une carte d'arêtes, ce qui peut simplifier le calcul (voir plus bas).

Les plus grands désavantages de cette méthode résident sans contredit au niveau de l'orientation et de la taille du visage. Pour résoudre ce problème, plusieurs gabarits peuvent être définis pour différentes poses, mais ceci rend la gestion des résultats assez complexe. Par ailleurs, cette technique n'étant pas intrinsèquement multi-échelle, plusieurs balayages à différents niveaux de redimensionnement du gabarit sont nécessaires. Ceci implique donc la réalisation d'une étape de décision supplémentaire dans le but de filtrer les multiples détections appartenant aux mêmes visages. Finalement, la construction d'un gabarit efficace représente un défi en lui-même. En effet, l'utilisation d'un gabarit plus ou moins adapté au type d'objet recherché peut nuire à une détection efficace et diminuer la précision des résultats.

Pour ce qui est de la localisation des différentes caractéristiques du visage, leurs positions peuvent être déduites à partir des positions correspondantes sur le gabarit. Celles-ci doivent être préalablement déterminées manuellement en positions relatives par rapport aux dimensions du gabarit. Il n'est cependant pas garanti que le gabarit soit parfaitement positionné en translation, en échelle et en rotation sur le visage à détecter, ce qui produira des coordonnées légèrement erronées.

Par ailleurs, certains travaux , [Yang et al., 2002a] ont utilisé une détection des caractéristiques du visage à l'aide de gabarits plus spécialisés (p. ex. : yeux, bouche, etc.). Cette méthode implique par contre une recherche intensive dans un vaste espace de solutions possibles (c.-à-d. : rotation, échelle et translation).

---

3. La librairie OpenCV d'Intel offre par ailleurs un grand choix de distances utilisables. Voir http ://www.intel.com/research/mrl/research/opencv/.

3.2.5.1.3 Arêtes

La prochaine famille de méthodes de détection du visage porte sur l'utilisation des arêtes ou contours obtenus par traitement d'image. Ces informations sont notamment employées pour l'interprétation de scène et la reconnaissance d'objets.

Le principe de base consiste à reconnaître des objets dans une image à partir de modèles de contours connus au préalable. Pour réaliser cette tâche, deux méthodes seront présentées : la transformée de Hough et la distance d'Hausdorff.

Transformée de Hough. La transformée de Hough est une méthode permettant d'extraire et de localiser des groupes de points respectant certaines caractéristiques. Par exemple, les particularités recherchées peuvent être des droites, des arcs de cercle, des formes quelconques, etc. Dans un contexte de détection de visage, ce dernier est souvent représenté par une ellipse dans la carte d'arêtes. L'application de la transformée de Hough pour les ellipses produirait donc une liste de tous les candidats étant des ellipses ou portions d'ellipses [Maio et Maltoni, 2000].

L'algorithme de base a également été modifié pour voir ainsi apparaître plusieurs variantes, dont la transformée de Hough généralisée, qui peuvent être appliquées à la recherche de formes quelconques comme les contours d'un visage [Zhu et Chen, 2001].

Finalement, la transformée de Hough peut être utilisée pour détecter les yeux et les iris. Par contre, cette méthode échouera lorsque l'image est trop petite ou lorsque les yeux ne sont pas clairement visibles.

Distance de Hausdorff. La prochaine méthode utilise quant à elle les arêtes comme données de base ainsi qu'un algorithme spécial d'appariement de gabarit. Pour cela, la distance de Hausdorff [Huttenlocher et Rucklidge, 1992] est souvent utilisée en analyse d'image. Elle vise à mesurer la distance entre deux ensembles de points, qui sont la plupart du temps une carte d'arêtes (obtenue à partir de l'image à analyser) et un modèle. La distance de Hausdorff est définie par :

$$D_H(S,T) = max\left\{f_d(S,T), f_d(T,S)\right\} \tag{3.15}$$

où S et T sont deux ensembles de points et $f_d(S,T) = max_{p \in S} d(p,T)$. Habituellement, la distance d utilisée est la distance euclidienne.

L'algorithme de base effectue la recherche des meilleurs endroits de correspondance partout dans l'image (translation) et ce, pour différentes rotations. Cette recherche peut également inclure un facteur d'échelle afin de détecter des variations du modèle original.

Cette méthode a été utilisée avec succès pour la détection de visages avec vues frontales [Jesorsky et al., 2001]. L'adaptation de celle-ci pour pallier différentes poses (rotation axiale de la tête) amène cependant certains problèmes, car différents modèles devraient être utilisés. De plus, une étape complexe de décision aurait pour mission de départager les fausses détections ainsi que les détections multiples.

3.2.5.1.4 EigenObjects et EigenFaces

Les techniques des *EigenObjects* (EO) [Moghaddam et Pentland, 1997] et des *Eigen-Faces* (EF) [Turk et Pentland, 1991] repose sur la réalisation d'une analyse en composantes principales (ACP) sur une série d'images représentant les objets à détecter. Cette opération de réduction de dimensionnalité fournit les premiers vecteurs propres (d'où le terme eigen) représentant les plus fortes différences entre les objets d'intérêt (visages, yeux, nez, etc.). Ceux-ci peuvent également être vus comme les directions, dans l'espace des images, où la variance est la plus élevée. La figure 3.5 représente l'exemple d'un processus de reconnaissance des visages par *EigenFaces*. Les exemples de visages (figure 3.5(a)) sont utilisés pour construire l'espace de visages (figure 3.5(b)) de dimensionnalité réduite et ensuite, les *EigenFaces* (figure 3.5(c)) sont choisies pour la reconnaissance de visages.

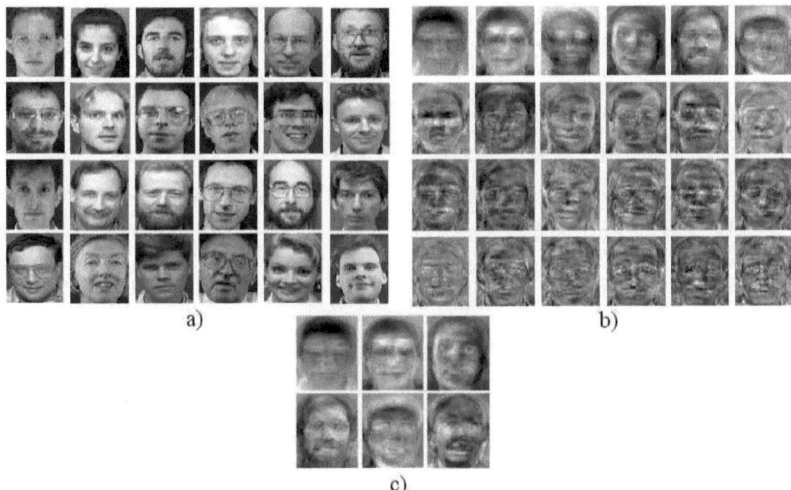

a)   b)

c)

Figure 3.5. Reconnaissance des visages avec EigeinFace : a) Exemples de visages, b) Espace de visage de dimensionnalité réduite, c)*EigenFaces* choisis pour la reconnaissance [Turk et Pentland, 1991].

Tout comme dans le cas de l'appariement de gabarit, l'étape de détection consiste à effectuer un balayage de la zone à traiter. Ensuite, une reconstruction avec les premiers vecteurs propres est réalisée pour chacune des sous-images à analyser. Si l'image reconstruite est suffisamment fidèle à l'imagette d'origine, celle-ci possède alors de fortes ressemblances avec la catégorie d'objet à reconnaître. En d'autres mots, la sous-image possède les caractéristiques discriminantes de la classe visée et peut être exprimée efficacement avec la base générée par les vecteurs propres. Cette ressemblance est mesurée en calculant la distance entre les deux images à l'aide d'une métrique particulière comme celles qui sont utilisées pour l'appariement de gabarit.

Dans le cas des *EigenFaces*, les visages sont les objets recherchés alors que pour les *EigenObjects*, ce sont les différentes composantes du visage qui sont d'intérêt (yeux, nez, bouche, oreilles, etc.). Evidemment, la technique des *EigenObjects* peut bénéficier de quelques hypothèses de base pour valider les résultats, comme les positions relatives des différentes composantes du visage. Il est par ailleurs envisageable de combiner les deux méthodes pour diminuer le temps de recherche et raffiner les résultats. En effet, une première recherche de visages pourrait être réalisée à l'aide des *EF* suivie d'une étape de raffinement utilisant les *EO* et ce, exclusivement dans les régions potentielles.

Cette technique souffre cependant des mêmes inconvénients que ceux qui sont inhérents à l'appariement de gabarit, ce qui rend son utilisation difficile. Les techniques des *EF* et des *EO* ont par contre l'avantage d'être moins sensibles au choix du gabarit et de l'éclairage. Afin d'assurer une bonne détection, la construction des images moyennes et des vecteurs propres doit se faire à partir d'images suffisamment compatibles avec celles qui seront présentées lors de la détection.

3.2.5.1.5 Réseau de neurones

La détection du visage à l'aide de réseaux neuronaux [Feraud et al., 2001, Rowley et al., 1998b], se résume à l'utilisation d'un classifieur à deux sorties [4] - représentant la présence ou l'absence de l'objet recherché dans une sous-région de l'image. Le principe de base, identique à certaines techniques précédentes, consiste à balayer l'image avec une fenêtre d'attention de dimensions fixes et de réaliser la détection sur les sous-images. Néanmoins, il est encore une fois nécessaire d'effectuer plusieurs balayages à différentes résolutions pour ainsi réaliser une détection suffisamment robuste.

Différents types de réseaux de neurones peuvent être utilisés mais pour la plupart d'entre eux, les données d'entrée sont l'intensité de l'image (après un prétraitement adéquat). Par

---

[4]. Le classifieur peut également ne posséder qu'une seule sortie qui s'activera lors de la présence d'un visage.

ailleurs, le réseau peut utiliser d'autres caractéristiques extraites des sous-images, comme par exemple des arêtes ou des informations fréquentielles.

Afin de réaliser l'apprentissage du réseau de neurones artificiel, une banque d'images contenant des visages est nécessaire. Avant tout, ces images devront être redimensionnées pour être compatibles avec les dimensions requises par le nombre d'entrées du réseau. Par exemple, la couche d'entrée possédera 875 neurones pour des imagettes de dimensions 25x35 pixels.

Pour pallier les effets produits par les rotations possibles de la tête, il est possible d'ajouter un réseau de neurones routeur qui prénormalise la sous-image en rotation [Rowley et al., 1998b]. Ce filtrage ne corrige cependant pas une pose de la tête résultant d'une rotation axiale. Pour remédier à ce problème, il est envisageable d'ajouter des images d'entraînement contenant différentes poses. La figure 3.6 représente l'algorithme de base pour la détection du visage avec le Réseau de neurones.

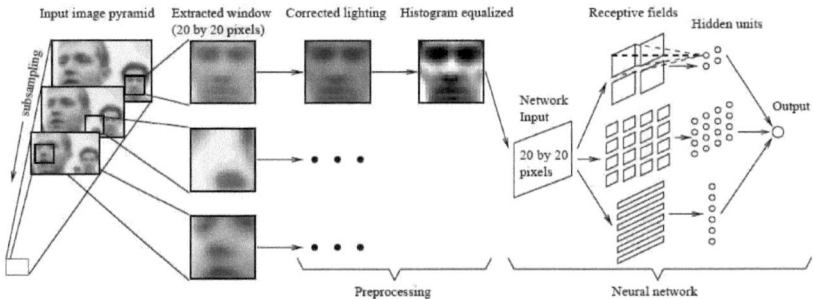

Figure 3.6. L'algorithme de base pour la détection du visage avec le Réseau de neurones [Rowley et al., 1998a].

Comme dans plusieurs autres techniques multi-échelles, une étape supplémentaire de prise de décision est nécessaire afin de réduire les réponses multiples pour un même visage. Finalement, les coordonnées des caractéristiques peuvent être déduites à partir des positions moyennes dans les images d'apprentissage. Ce processus de détection, tout comme les précédents, peut cependant manquer de précision lors de cette étape de localisation.

3.2.5.1.6 Traits caractéristiques

Ces dernières années, une approche connue de détection du visage en temps réel à très haut taux de détection a été introduite dans [Viola et Jones, 2001], pour des images en niveaux de gris. Cette approche utilise des caractéristiques de Haar-Like pour détecter les traits du visage et un classifieur AdaBoost [Freund et Schapire, 1997] pour sélectionner les caractéristiques appropriées (filtres de Haar) pour la détection de visage (figure 3.7). L'une des principales contributions de cet article est le concept d'image intégrée qui permet de calculer rapidement les caractéristiques. Deuxièmement, ils ont construit un algorithme d'apprentissage, basé sur l'AdaBoost pour sélectionner un petit nombre de caractéristiques importantes. De plus, une méthode pour combiner les classifieurs AdaBoost en cascade permet d'éliminer rapidement des régions non-visage de l'image. Des caractéristiques étendues ont été introduites dans [Lienhart et al., 2003] pour améliorer le performance de détection.

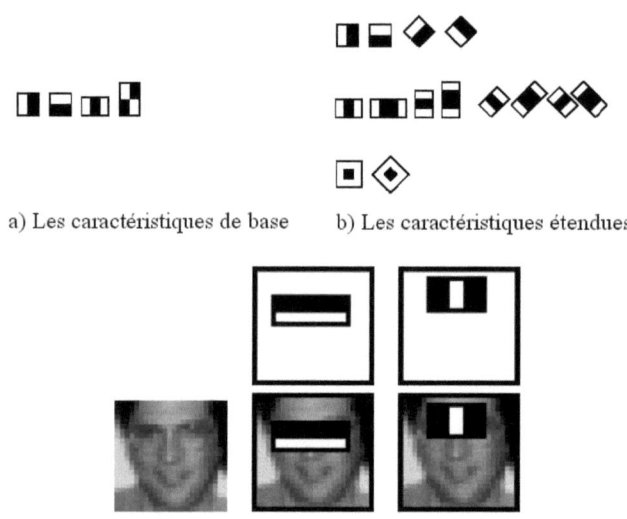

a) Les caractéristiques de base   b) Les caractéristiques étendues

c) Les caractéristiques utilisées pour détecter le visage

Figure 3.7. Les caractéristiques Haar-Like et la détection du visage avec AdaBoost.

L'inconvénient des méthodes de [Viola et Jones, 2001] et [Lienhart et al., 2003] est qu'elles ont besoin d'énormes quantités d'images dans le processus d'entraînement, généralement des milliers d'images échantillons positifs (images de visage) et images échantillons négatifs (images non-visage). En outre, le processus d'entraînement peut prendre plusieurs jours pour être complet.

Les méthodes de détection du visage travaillent avec des images statiques, et ne considère que les informations contenues dans une image (trame en cours) afin de détecter l'objet visage. La performance pourrait être améliorée en prenant en compte les informations de plusieurs trames jusqu'à la trame courante en utilisant une approche de filtre particulaire tel que proposé dans [Czyz, 2006, Stasiak et Pacut, 2007]. Dans cette approche, chaque particule se réfère à un emplacement candidat de l'objet visage dans l'image. Les emplacements des particules sont comparées à un modèle cible pour mesurer la vraisemblance qui est utilisée pour estimer la probabilité de présence de visage dans l'image courante étant donné l'histoire des observations jusqu'à l'heure actuelle. Comme expliqué dans [Czyz, 2006], une densité d'observation basée sur la détection de visage statique en utilisant les caractéristiques rectangulaires introduite par [Viola et Jones, 2001] est adoptée. Dans [Stasiak et Pacut, 2007], la détection des visages sur l'espace de couleurs HSV est adoptée pour calculer la densité d'observation.

3.2.5.1.7 Détection et suivi du visage dans la vidéosurveillance de prise de médicaments

Dans l'article de Batz [Batz et al., 2005], les auteurs procèdent d'abord à la segmentation de régions de peau dans l'image. Pour ce faire, ils extraient manuellement les pixels de peau des images de trois personnes différentes. Les pixels sont transformés par la suite dans l'espace de couleurs $YCrCb$ pour rendre leur chrominance (couleur : $CrCb$) plus indépendantes de leur luminance (intensité : Y). Des intervalles de seuillage sont construits à l'aide des valeurs des pixels extraits. La segmentation se fait en utilisant un algorithme de composantes connexes, suivi par des opérations morphologiques. Des contraintes géométriques comme la hauteur, la longueur, le périmètre, la surface sont utilisées pour éliminer les régions non-visage. La dimension et la forme des régions permettent de différencier les mains du visage. Puis, en se basant sur les boîtes englobantes minimales et les centroïdes de ces régions au cours du temps, ils détectent la présence d'occlusions main-visage ou main-main. La segmentation des mains et du visage se fait ensuite en analysant la différence entre la forme de visage dans l'image précédente et dans l'image courante pour les occlusions main-visage, et en analysant le squelette de la région en occlusion pour les occlusions main-main. Une fois les régions segmentées, le visage est identifié d'après des règles quant à sa forme et sa taille. Les yeux sont alors localisés selon les intensités lumineuses et les gradients, et la bouche selon la couleur des lèvres.

Valin et al. [Valin et al., 2006] ont choisi l'algorithme présenté dans [Birchfield, 1998] pour la détection et le suivi du visage. En supposant que la forme de la tête peut être modélisée par une ellipse en deux dimensions dont le rapport hauteur/largeur α est fixe, mais dont la taille peut varier d'une image à l'autre.

Le principe est de déterminer, pour chaque image, l'ellipse qui représente le mieux la tête, en effectuant une recherche locale autour d'une position initiale. Pour déterminer la meilleure ellipse, l'algorithme se base sur l'intensité du gradient sur son périmètre et sur la vraisemblance de couleur peau à l'intérieur de celle-ci.

71

L'information de couleur de peau a été utilisée dans [Ammouri et Bilodeau, 2008] pour détecter et localiser le visage et les mains. L'image entrée est convertie dans l'espace couleur HSV et des seuils sont pris pour segmenter les régions de peau. Pour identifier le visage, les auteurs supposent qu'une région représente le visage si :

– Le rapport entre la largeur et la hauteur d'un visage humain est inférieur à 2,25. Ceci revient à vérifier que : $R_{MajorAxisLength}/R_{MinorAxisLength} < 2,25$.
– Le rapport entre l'aire et le carré du périmètre d'un visage humain est supérieur à 0,02. Ceci revient à vérifier que : $R_{Area}/R_{Perimeter} < 0,02$.

Une fois que la localisation du visage dans la première trame de notre séquence est faite, son moment de [Hu, 1962] d'ordre 2 du blob correspondant est calculé et le suivi du visage est réalisé en comparant ce descripteur de forme avec ceux des régions de peau dans la trame suivante.

3.2.5.2 Détection et suivi des mains

3.2.5.2.1 Détection et suivi des mains pour la reconnaissance des gestes

L'analyse et la modélisation de la posture des mains ont beaucoup attiré l'attention des chercheurs pour le développement de systèmes intelligents d'interaction homme-machine ces dernières années. Il s'agit d'une recherche importante avec de nombreuses applications pratiques dans les domaines de la réalité virtuelle, la reconnaissance du langage des signes et l'animation en informatique.

Il existe deux approches principales de l'analyse des gestes des mains. Les méthodes basées sur les gants utilisent des gants spéciaux avec marqueurs ou capteurs pour capturer directement le mouvement de la main et de mesurer les paramètres des articulations de la main [Kessler et al., 1995]. Elles peuvent fonctionner en temps réel et peuvent être utilisées de manière fiable pour l'animation. Cependant, ces méthodes sont coûteuses et peu pratiques en raison de l'équipement nécessaire. L'autre solution consiste à utiliser des approches basées sur la vision par ordinateur [Rehg et Kanade, 1994, Wu et Huang, 1999]. C'est le moyen le plus naturel et pourtant le moyen le plus difficile à mettre en œuvre pour une interface homme-machine satisfaisante.

Ces dernières années, le suivi des mains basé sur la vision attire beaucoup d'attention. Yang et al. [Yang et al., 2002b] ont mis en œuvre le suivi de main fondé sur l'appariement de région en utilisant les transformations affines. Le travail de [Chen et al., 2003] a combiné de multiples caractéristiques pour localiser les mains mais ne fonctionne bien que pour une seule main à partir de leurs expériences. Sherrah et al. [Sherrah et Gong, 2000] ont développé un système de suivi du visage et des mains en utilisant l'inférence bayésienne.

Son modèle de raisonnement probabiliste a combiné des signaux multiples provenant de la connaissance contextuelle de haut niveau et des caractéristiques de niveau image. Bien que son traqueur soit efficace, ce travail n'est pas appliqué dans la segmentation précise de la main. Certains travaux connexes [Imagawa et al., 1998, Martin et al., 1998, McAllister et al., 2002] ont essayé d'utiliser le filtre de Kalman pour suivre les mains. L'algorithme de condensation (ou filtre à particules) proposé par Isard et al. [Isard et Blake, 1998b] a introduit un cadre solide bayésien pour suivre un objet particulier dans un fouillis d'objets. Mammen et al. [Mammen et al., 2001] ont utilisé cet algorithme pour suivre les deux mains simultanément. Récemment, Shan et al. [Shan et al., 2007a] ont rapporté des travaux sur le suivi de la main en combinant le "mean shift" et le filtre particulaire. Bien que nécessitant des calculs coûteux, ces approches peuvent aboutir à des résultats de suivi précis. Une autre piste de recherche intéressante appelée le suivi de main à base de modèle a été présentée dans [Rehg et Kanade, 1994, Wren et al., 1997]. De nombreuses approches fondées sur un modèle sont efficaces dans l'hypothèse que la forme de la main est connue. Cependant, les approches fondées sur un modèle ont généralement tendance à prendre beaucoup de temps et nécessitent plus de caractéristiques. Starner et al. [Starner et al., 1998] et Wren et al. [Wren et al., 1997] ont développé un système Pfinder pour suivre les personnes et les mains en utilisant des modèles 2D. Les modèles 2D ont été construits à partir d'une connaissance préalable de la couleur et de la forme du corps. Le système DigitEyes [Rehg et Kanade, 1994] et le travail de [Stenger et al., 2001] permettent de suivre les mains avec un modèle 3D. Enfin, Lu et al. [Lu et al., 2003] ont introduit un modèle déformable pour suivre la main.

Les approches basées sur l'apparence modélisent la main par une collection d'images. Les gestes sont modélisés comme une séquence de vues en associant les images des gestes de la main à l'apparition de celles prédéfinies [Darrell et al., 1996, Cootes et al., 1995]. La majorité des méthodes basées sur l'apparence dépendent de paramètres extraits des images comme les contours et les bords, les moments et les vecteurs propres. L'eigenspace (espace propre) est actuellement la méthode la plus couramment utilisée pour les approches basées sur l'apparence [Black et Jepson, 1998, Gupta et al., 2002, Kolsch et Turk, 2004].

3.2.5.2.2 Détection et suivi des mains pour la vidéosurveillance de prise de médicaments

Afin de pouvoir détecter l'activité humaine, la prise de médicaments dans notre cas, le système doit pouvoir localiser et suivre les mains de l'utilisateur dans la séquence d'entrée.

Après avoir segmenté les régions de peau, la dimension et la forme des régions de peau permettent de différencier les mains (avec le bras) du visage [Batz et al., 2005]. Les régions de mains sont localisées en se basant sur la netteté en niveaux de gris. La netteté est une mesure de variation locale des intensités des pixels adjacents (SMD ou *Sum-Modulus-Difference*) [Chern et al., 2001]. Les caractéristiques de direction sont déterminées par l'histogramme de direction des pixels des contours de Canny dans les régions de mains, elles seront utilisées pour déterminer si l'utilisateur ouvre ou ferme un flacon.

Dans [Valin et al., 2006], les auteurs se basent sur la carte de vraisemblance de couleur peau créée dans l'étape de détection de visage et sur un algorithme de composantes connexes afin d'extraire les régions de peau. Le positionnement et le suivi des mains sont effectués en déterminant les régions de couleur peau les plus susceptibles de représenter les mains, puis en appliquant des règles définies selon le nombre de régions de peau obtenues et les positions précédentes des mains pour éliminer les régions qui ne sont pas susceptibles d'être les mains. Les occlusions possibles entre les deux mains et entre les mains et la tête sont détectées en se basant sur le nombre de régions peau obtenues et les positions précédentes des mains. De plus, plusieurs hypothèses simplificatrices du problème ont étaient utilisées. Parmi ces hypothèses, le fait de supposer que la personne qui prend les médicaments porte toujours un vêtement à manches longues. Cette hypothèse est introduite pour éviter la localisation de la main dans le bras, ce qui rend le système plus contrôlé.

Ammouri et al. [Ammouri et Bilodeau, 2008] ont supposé que les blobs restants après la localisation du blob représentant le visage correspondent aux mains. Pour distinguer les deux mains, il est supposé que la main gauche se trouve toujours à gauche de la main droite et vice-versa. Une analyse des blobs selon leurs positions horizontales nous permet de différencier entre les deux mains. La détection et le suivi des mains deviennent difficiles lorsque la personne porte un vêtement à manches courtes. Dans ce cas, il doit être possible de localiser la main à côté des bras. Les auteurs utilisent un opérateur de Sobel pour détecter les contours, suivi par une dilatation pour relier les contours, et mieux détecter les régions de mains de la personne.

3.2.5.3 Détection et suivi de flacons

Batz et al. [Batz et al., 2005] ont utilisé une bibliothèque d'images de flacons, de forme rectangulaire, et de proportion hauteur/largeur d'approximativement 2 :1. Les flacons sont détectés en cherchant dans l'image de contours des régions respectant ces proportions. L'appariement de gabarits permet le suivi de ces flacons en effectuant des corrélations sur les composantes Cb et Cr entre les régions possibles et le gabarit soumis à des rotations et des translations.

Dans [Valin et al., 2006], des bandes de couleur sont collées sur les flacons. Pour la détection des flacons, les auteurs ont utilisé le modèle de couleur décrit dans [Habili et al., 2001]. L'espace de couleurs utilisé dans ce cas est $YCrCb$ et la vraisemblance de couleur est définie comme étant fonction de la distance de Mahalanobis d avec le modèle. Cette distance est définie par l'équation :

$$d^2 = (x - \mu_m)^T \Sigma_m^{-1} (x - \mu_m) \qquad (3.16)$$

où x est le vecteur de couleur tridimensionnel du pixel et μ_m et Σ_m sont respectivement le vecteur moyen et la matrice de covariance de la distribution du modèle. Un ensemble d'images contenant des régions de chacune des bandes de couleurs utilisées est présenté au système afin de créer le modèle de couleur des flacons et en définir la distribution.

Le système proposé par Ammouri et al. [Ammouri et Bilodeau, 2008] utilise les flacons de différentes formes et couleurs. Un ensemble des images contenant des régions de chaque flacon sont utilisées et les histogrammes de couleurs de ces régions et leurs moments de deuxième ordre sont calculés, comme un modèle de forme et de couleurs représentant chaque flacon. Les seuils de couleurs de la table sur laquelle les flacons sont mis sont aussi appris. Selon les auteurs, cela permettra d'éviter des recherches multi-échelles et de fausses détections des flacons. Les auteurs supposent que, au début de la séquence vidéo, les flacons ne sont pas en occlusion. Cela permet de connaître le nombre initial de flacons présents dans la séquence vidéo. Pour tous les objets sur la table, les auteurs calculent leurs histogrammes de couleurs et de leurs moments de deuxième ordre Hu. Ils détectent ainsi les objets qui ont les mêmes caractéristiques (couleur + forme) que ceux des flacons appris. Les histogrammes de couleurs sont traités comme des vecteurs et la distance entre eux est calculée selon le coût minimum de la différence des affectations pairée (Minimum Difference of Pair Assignments - MDPA) [Cha et Srihari, 2002] :

$$D(H_I(i,j), H_M(i,j)) = \sum_{b=0}^{K-1} \left| \sum_{k=0}^{b} (H_I(i,j)[k] - H_M(i,j)[k]) \right| \qquad (3.17)$$

où $H_I(i,j)$ et $H_M(i,j)$ sont les histogrammes des rectangles correspondant aux I et M ; b et k sont le bin (classe) de l'histogramme de K bins.

Étant donné que les flacons sont des objets rigides, le suivi de ces flacons est fait en comparant les centroïdes des objets détectés sur la table de la trame courante avec les centroïdes des flacons dans la trame précédente. Pour chaque trame, si le nombre des flacons dans le cadre courant est inférieur à celui de l'image précédente, il est supposé que le flacon est en occlusion ou en collision avec la main de l'utilisateur. Les distances entre les centroïdes des deux mains et celle du flacon pris sont calculées pour savoir quelle main s'occupe du flacon. Afin de limiter les erreurs dans la détection et le suivi des flacons, le suivi des flacons est suspendu pour la durée de l'occlusion. Lorsque l'objet est remis sur la table, le suivi est repris.

3.2.6 Reconnaissance de prise de médicaments

Dans [Batz et al., 2005], le système détecte la prise de médicaments si la séquence formée par les événements "ouverture de flacon", "main sur la bouche" et "fermeture de flacon" se produit. Les actions d'ouvrir et de fermer un flacon sont détectées en analysant l'orientation des lignes des doigts dans les régions des mains. Dans ce cas, la localisation et le suivi des mains doivent être parfaitement précis et les doigts toujours visibles, ce qui n'est que rarement possible. L'activité d'avaler le médicament est détectée si la région formée par une main englobe une partie de la région de la bouche. Finalement, pour la détection de la prise de médicaments, la personne peut toujours ouvrir le flacon pour prendre la pilule et par la suite la fermer avant de mettre le comprimé dans la bouche. Dans ce cas, le système ne détectera pas la prise de médicament car les actions "main sur la bouche" et "fermeture de flacon" sont interverties. De plus, le fait de détecter la prise de médicaments si une séquence d'actions se produit à chaque trame sans analyser la durée de ces actions peut engendrer une augmentation du taux de fausses détections dans le système conçu.

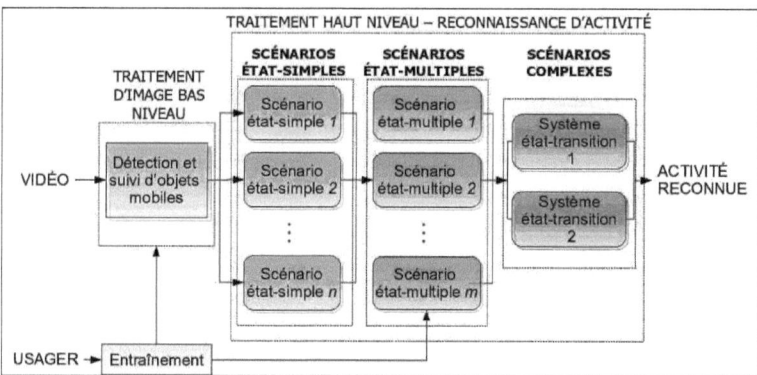

Figure 3.8. Structure du modèle de scénarios à trois niveaux [Valin et al., 2006].

La reconnaissance de prise de médicaments basée sur le concept de scénario est présentée dans [Valin et al., 2006]. L'algorithme s'inspire des concepts de scénarios états-simples et états-multiples élaborés dans [Hongeng et al., 2004] pour former des scénarios de trois niveaux : scénario état-simple, scénario état-multiple et scénario complexe. La figure 3.8 montre la relation entre les différents niveaux de scénarios. Un scénario d'état simple est défini par un ensemble de caractéristiques d'objets mobiles. Les scénarios états-simples élaborés par les auteurs pour la détection de la prise de médicaments sont définis comme suit :

– *S1* : Une seule main manipule le flacon,
– *S2* : Deux mains manipulent le flacon,

– *S3* : Une main touche à la tête,

– *S4* : Une main s'approche de la tête,

– *S5* : Une main s'éloigne de la tête.

Un scénario état-multiple correspond à une séquence de scénarios états-simple et il est évalué sur une longue période de temps. Trois scénarios états-multiples sont définis pour la reconnaissance de prise de médicaments :

– *MS1* : La personne ouvre le flacon et prend les pilules (S2_S1_S2_S1),

– *MS2* : La personne avale les pilules (S4_S3_S5),

– *MS3* : La personne referme le flacon (S1_S2_S1).

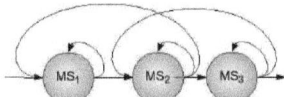

a) Première représentation du scénario complexe.

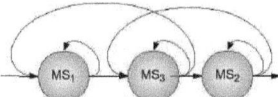

b) Deuxième représentation du scénario complexe.

Figure 3.9. Systèmes état-transition représentant le scénario complexe formé des séquences de scénarios états-multiples a)$\{MS_1, MS_2, MS_3\}$ et b)$\{MS_1, MS_3, MS_2\}$ [Valin et al., 2006].

Afin de modéliser tous les cas possibles de prise de médicaments, les auteurs séparent l'activité complète en séquence de scénarios états-multiples. Les deux représentations du scénario complexe sont présentées à la figure 3.9.

Ammouri et al. [Ammouri et Bilodeau, 2008] ont utilisé un réseau de Petri pour détecter la prise de médicaments. Un réseau de Petri est un modèle abstrait de la circulation de l'information dans un système [Peterson, 1977] et il est représenté par une graphique avec deux types de noeuds (places et transitions) reliés par des arcs. Un réseau de Petri se développe alors si la transition se fait : les jetons sont pris des entrées de cette transition et envoyés vers les sorties. Un scénario est ainsi reconnu quand un jeton arrive à l'emplacement final du réseau de Petri. Les avantages de représentation et de reconnaissance des événements par le réseau de Petri sont la représentation de manière séquentielle, simultanée, et synchronisée [Ghanem et al., 2004]. Le réseau de Petri conçu pour représenter et détecter la prise de médicaments dans [Ammouri et Bilodeau, 2008] a sept places et onze événements, et est illustré dans la figure 3.10.

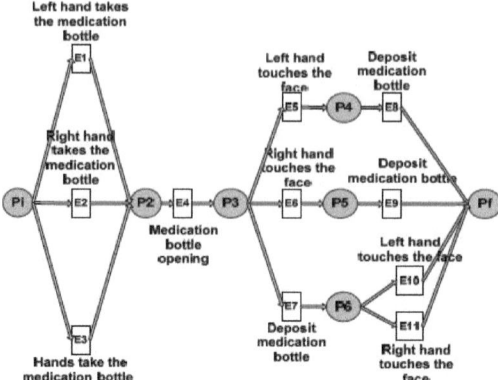

Figure 3.10. Réseau de Petri pour la reconnaissance de la prise de médicaments [Ammouri et Bilodeau, 2008].

Au début, un jeton est mis à la place initiale Pi. Si l'un des événements $E1$, $E2$ ou $E3$ se produit, le jeton est déplacé vers $P2$. Dans leurs travaux, les relations logiques et temporelles définies dans [Ghanem et al., 2004] sont utilisées pour la construction du réseau de Petri. L'activité de prise de médicaments est constatée lorsque le jeton atteint Pf. Pour l'événement $E4$, ils supposent une ouverture de flacon lorsque l'utilisateur est en possession de flacon et qu'il y a occlusion ou contacts entre les deux mains. Dans [Batz et al., 2005], aucune contrainte de durée n'est définie pour effectuer les transitions. Dans ce travail, afin de valider les transitions et d'éviter les fausses détections d'événements, les transitions sont validées que si leur durée dépasse un certain nombre de trames.

3.3 Discussion et conclusion

3.3.1 Analyse de l'article de Batz et al. [Batz et al., 2005]

La détection de couleur de peau en extrayant manuellement des pixels de peau de trois personnes dans [Batz et al., 2005] n'est pas suffisante pour un système robuste. Aussi, après la localisation du visage, les auteurs utilisent la transformation développée par [Hsu et al., 2002] afin de faire ressortir les lèvres et détecter la bouche. Lucey et al. [Nasiri et al., 2008] ont exécuté une simulation de méthode présentée dans [Hsu et al., 2002] et les résultats montrent que cette formule ne fonctionne pas correctement pour les différents types d'images, y compris la couleur de la peau. En outre, il n'est pas flexible dans diverses conditions d'éclairage. De plus, la détection de la bouche par [Hsu et al., 2002] est intensive en calcul.

Afin de reconnaître les actions d'ouverture et de fermeture de flacon, les auteurs se basent sur l'orientation des doigts. Dans ce cas, la localisation et le suivi des mains doivent être parfaitement précis et les doigts toujours visibles, ce qui n'est que rarement possible.

Finalement, pour la détection de la prise de médicaments, la personne peut suivre une suite d'étapes différentes de ce que l'algorithme attend comme par exemple : ouvrir le flacon pour prendre la pilule et par la suite la fermer avant de mettre le comprimé dans la bouche. Dans ce cas, le système ne détectera pas la prise de médicaments car les actions "main sur ma bouche", "fermeture de flacon" sont interverties. De plus, le fait de détecter la prise de médicaments si une séquence d'actions se produit sans analyser la durée de ces actions peut engendrer une augmentation du taux de fausses détections dans le système conçu.

3.3.2 Analyse de l'article de Valin et al. [Valin et al., 2006]

Dans [Valin et al., 2006], l'utilisation d'un modèle elliptique pour la détection et le suivi de la tête est appropriée dans le cas où la tête de la personne rester toujours face à la caméra. Les interactions et les contacts entre les mains et la tête peuvent aussi fausser le processus de suivi et par conséquent l'activité humaine ne sera pas correctement détectée. En particulier, la détection de la prise de médicament est faite lorsque la main est en occlusion avec le visage ce qui est imprécis et ne garantit pas un réel contact main-bouche.

Pour la détection et le suivi des mains, plusieurs hypothèses simplificatrices du problème ont été utilisées. Parmi ces hypothèses, on trouve le fait de supposer que la personne qui prend les médicaments porte toujours un vêtement à manches longues. Cette hypothèse est introduite pour éviter la localisation de la main dans le bras ce qui rend le système plus contrôlé. De plus, les couleurs des vêtements et du fond doivent être différentes de celles des bouteilles de médicaments. Finalement, la reconnaissance impose un algorithme hiérarchique complexe.

3.3.3 Analyse de l'article d'Ammouri et al. [Ammouri et Bilodeau, 2008]

Pour la détection et le suivi du visage, les hypothèses que le rapport entre la largeur et la hauteur d'un visage humain est inférieur à 2,25, et le rapport entre l'aire et le carré du périmètre d'un visage humain est supérieur à 0,02 ne sont pas toujours correctes. Par exemple, quand la personne porte un vêtement à manches longues et sa main est fermée, elle est visible comme le visage. Dans ce cas, l'hypothèse ci-dessus est tout à fait satisfaite et la main peut être détectée et suivie comme le visage.

Pour les flacons, il est supposé qu'ils restent tout le temps sur la table, même au moment de la prise de médicaments. Cette hypothèse est moins pratique et elle impose aussi que les flasons soient assez loin de la personne.

Finalement, la reconnaissance des activités est faite par la détection d'occultations main-visage, main-flacon, main-main. C'est moins précis car les auteurs travaillent avec une caméra fixe, où l'occultation entre les objets est fréquente sans contact réel entre les objets.

3.3.4 Conclusion

Des recherches sur la reconnaissance de la prise de médicaments ont éte exposées où chacun essaie de montrer ses avantages dans la détection, le suivi et la reconnaissance. Néanmoins, un système complet et proche d'une application réelle est encore nécessaire. Dans le chapitre suivant, nous présentons notre approche pour la reconnaissance de prise de médicaments, avec des améliorations dans la détection, le suivi et aussi dans la reconnaissance.

4

SYSTÈME MONO-CAMÉRA DE SURVEILLANCE DE PRISE DE MÉDICAMENTS

4.1 Introduction

Nous avons vu dans le chapitre précédent les efforts récents [Batz et al., 2005, Valin et al., 2006, Ammouri et Bilodeau, 2008] dans le développement des systèmes de vision par ordinateur pour surveiller la prise de médicaments. L'inconvénient de ces systèmes y est décrit. En outre, l'aspect temps réel n'était pas de première importance dans ces algorithmes. Enfin, aucun paramètre d'apprentissage n'est utilisé pour mieux modéliser le comportement spécifique de chaque personne âgée.

Dans ce chapitre, nous présentons un système amélioré et temps réel pour la détection, le suivi et la reconnaissance des activités normales/anormales de prise de médicaments. La figure 4.1 représente la structure globale du système. Il se compose de traitements de bas niveau à haut niveau.

Nous utilisons les informations de couleur pour détecter et suivre le déplacement d'objets, et nous proposons une approche hiérarchique, fondée sur les différentes manières de faire l'activité pour reconnaître la prise de médicaments. Notre travail présente des améliorations dans la détection et le suivi d'objets en mouvement en comparaison avec les travaux présentés dans [Batz et al., 2005, Valin et al., 2006, Ammouri et Bilodeau, 2008], c'est la détection et le suivi plus précis, en temps réel des objets mobiles ; la reconnaissace robuste d'activité de prise de médicaments, comme nous le verrons dans les sections suivantes. Par exemple, nous considérons également d'autres activités telles que prendre un verre d'eau et nous décrivons comment utiliser une stratégie simple d'apprentissage pour le comportement particulier de chacune des personnes âgées. L'approche proposée est testée avec une caméra Prosilica [1] et dans l'ensemble, nous montrerons que notre approche peut reconnaître différentes façons de prise de médicaments, avec un taux de réussite élevé. Dans les sections

---

1. http ://www.alliedvisiontec.com/

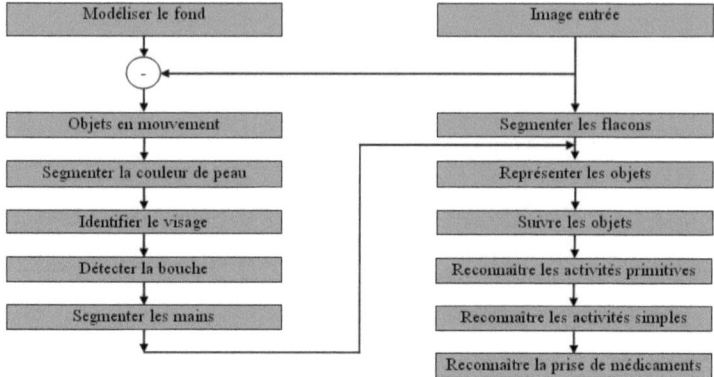

Figure 4.1. La structure globale du système mono-caméra pour la surveillance de la prise de médicaments.

suivantes, nous présentons le détail de l'approche proposée.

4.2 Détection et suivi

La détection et le suivi sont deux étapes importantes dans la vision par ordinateur, elles servent à l'étape plus élevée, c'est la représentation et la reconnaissance de l'activité. Dans le système, il y a trois types d'objets mobiles à détecter : le visage de la personne, les mains et les flacons. De plus, la détection de la bouche est aussi nécessaire pour la reconnaissance de la prise de médicaments. La figure 4.2 présente un exemple de ces objets.

Figure 4.2. Détection et suivi des objets mobiles.

Dans un premier temps, le fond est modélisé, puis pour chacune des images de la vidéo, la soustraction du fond est faite pour localiser la personne dans la scène, et ensuite segmenter les régions de couleur de peau. Cette étape permet d'ignorer la complexité de la scène. En effet, si le fond est assez "propre" et sa couleur est différente des couleurs des objets à suivre, nous pouvons segmenter directement les régions de couleur de peau (nous utilisons le terme région de peau comme abréviation) sans détecter les objets mobiles. La détection, la localisation et le suivi des objets et des régions d'intérêt comme le visage, la bouche, les mains, les flacons sont faits ensuite, avant de reconnaître l'activité de la prise de médicaments.

4.2.1 Détection d'objets mobiles

La distinction des objets au premier plan de ceux de l'arrière-plan fixe est à la fois un problème de recherche important et difficile. La première étape de presque tous les systèmes de vidéosurveillance est la détection d'objets au premier plan. Ceci crée à la fois un centre d'attention pour les traitements des niveaux supérieurs tels que le suivi, la classification et la compréhension du comportement. Il réduit aussi les temps de calcul considérablement puisque seuls les pixels appartenant à des objets du premier plan doivent être traités. Les changements dynamiques de scène à court et à long terme, comme les mouvements répétitifs (par exemple, des feuilles d'arbres), la réflexion de la lumière, les ombres, le bruit de la caméra et les variations d'illumination soudaine augmentent la difficulté de la détection d'objet fiable et rapide. Par conséquent, il est important de faire attention à l'étape de détection pour avoir un système de vidéosurveillance fiable, robuste et rapide.

Pour notre système de surveillance de prise de médicaments, l'activité de prise de médicaments se déroule dans un environnement intérieur moins sujet aux changements, donc la méthode de soustraction du fond peut être simple, rapide et donner de bons résultats ; convenable à nos besoins. L'intensité de chaque pixel du fond est donc simplement modélisée par une gaussienne multi-variable, avec matrice de covariance diagonale (avec moyenne $\mu=(\mu_R, \mu_G, \mu_B)$, et écart-types $\sigma=(\sigma_R, \sigma_G, \sigma_B)$), dans l'espace de couleurs RGB, obtenue dans une période de temps prédéterminée (plus de 100 trames), sans la présence d'objet mobile.

Pour chaque image entrée, la soustraction est faite en comparant chacun des pixels de l'image entrée à ceux du fond, pour chaque canal (R,G,B) de couleur. Avec notre expérience, un pixel est considéré comme pixel d'avant-plan si sa valeur est considérablement différente de la moyenne, pour l'une des composantes de couleur (différence absolue > 3). Ensuite, des opérations morphologiques sont appliquées pour éliminer les bruits : une érosion pour éliminer les bruits d'un pixel, deux dilatations pour remplir les trous et finalement une érosion pour rétablir les formes d'objets mobiles. De plus, une analyse des composantes connexes est faite pour éliminer de petites régions. Cette méthode a l'avantage d'être très rapide puisqu'on travail dans l'espace de couleurs original des images (RGB) et que le modèle de fond est très simple.

Après avoir segmenté les objets mobiles, il est nécessaire de distinguer les pixels d'objets mobiles et ceux d'ombres portées. Pour cet objectif, Cucchiara et al. [Cucchiara et al., 2003] analysent les pixels dans l'espace de couleurs HSV (Hue-Saturation-Value). La raison principale d'utilisation d'espace de couleurs HSV est qu'il sépare explicitement chromaticité et luminosité, contrairement à l'espace de couleurs RGB. Ceci est avantageux pour définir une formule mathématique pour la détection de l'ombre car l'ombre affecte surtout l'intensité.

Pour chaque pixel appartenant à des objets résultant de l'étape de segmentation, nous vérifions s'il est une ombre en fonction des considérations suivantes. Premièrement, si une ombre est projetée sur un fond, la composante de couleur change, mais dans une certaine limite. En outre, il a été prouvé expérimentalement que pour les pixels de l'ombre, la composante de saturation ne change que dans une certaine limite. La différence de saturation doit être une différence absolue, tandis que la différence de teinte est un écart angulaire.

Pour chaque point p de l'image $I(p)$, un masque SP d'un pixel d'ombre est appliqué sur le résultat de la segmentation de mouvement et est défini sur la base des trois conditions suivantes :

$$SP(p) = \begin{cases} 1 & \text{si } \alpha \le \frac{I_V(p)}{B_V(p)} \le \beta \ \wedge |I_S(p) - B_S(p)| \le \tau_S \ \wedge D_H \le \tau_H; \\ & \alpha \in [0,1] , \beta \in [0,1] \\ 0 & \text{autrement} \end{cases} \qquad (4.1)$$

où H, S, V sont des composantes de l'espace de couleurs HSV, $B(p)$ représente le fond (moyenne) et D_H est calculé comme suit :

$$D_H(p) = min(|I_H(p) - B_H(p)|, 360 - |I_H(p) - B_H(p)|)$$

La limite inférieure α est utilisée pour définir une valeur maximale de l'effet de noircissement des ombres sur le fond et la limite supérieure β empêche l'identification comme ombre des points où le fond est trop peu assombri par rapport à l'effet attendu de l'ombre. Nous avons fait des tests avec les contraintes dans l'équation 4.1 et notre expérience montre que l'ensemble des valeurs : $\alpha = 0,85$, $\beta = 0,99$, $\tau_S = 50$, $\tau_H = 50$ sépare bien les pixels d'objets mobiles et ceux d'ombre. Une comparaison détaillée de cette méthode avec d'autres proposées dans la littérature est rapportée dans [Prati et al., 2001]. La figure 4.3 représente un exemple de détection d'objets mobiles et la suppression des ombres par la méthode de [Cucchiara et al., 2003].

L'étape de suppression d'ombres aide à détecter précisément les objets mobiles, ce qui est très utile au cas où le fond serait moins "propre". Cette étape n'est pas gérée dans les travaux cités précédemment.

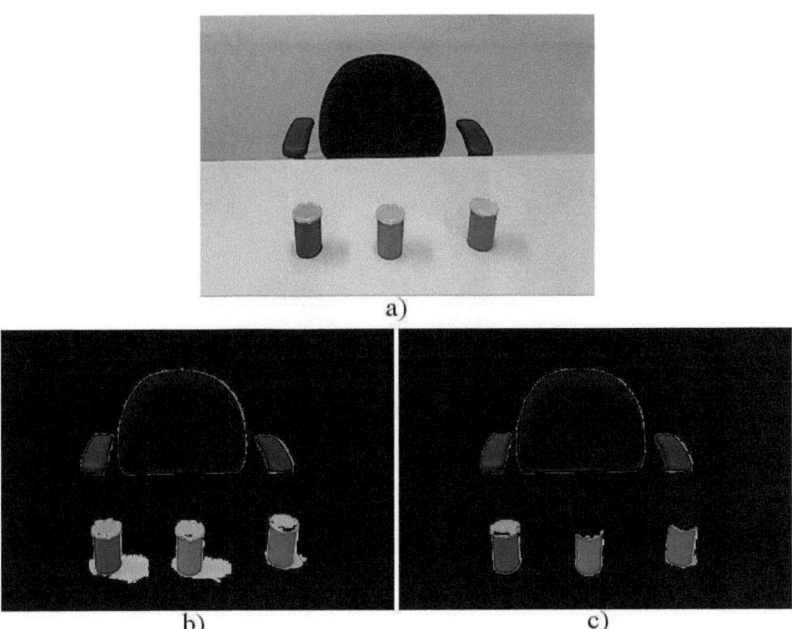

Figure 4.3. Détection d'objets mobiles et suppression d'ombres : a) la scène, b) objets mobiles détectés, c) objets mobiles après avoir supprimé l'ombre.

4.2.2 Segmentation de couleur peau

Dans notre étude, pour pouvoir localiser et suivre le visage et les mains, on s'est concentré sur la méthode basée sur la couleur de la peau étant donné que celle-ci possède des avantages importants tels que la rapidité et l'efficacité de la détection. Avec cette méthode, après le seuillage et la segmentation des régions de la peau, nous pourrons détecter le visage et les mains contenus dans l'image source. Cette étape est très importante puisqu'une mauvaise localisation du visage et des mains va diminuer la possibilité de reconnaître l'activité humaine.

La segmentation de couleur de peau est faite par seuillage dans l'espace de couleurs rgb pour ses avantages de rapidité et simplicité. Il a été observé dans la littérature que, sous

85

certaines hypothèses (par ex. surfaces mates, tout en ignorant la lumière ambiante), les différences de couleur de peau dues aux conditions d'éclairage et l'ethnicité peut être considérablement réduite dans l'espace de couleurs rgb. Aussi, la classe de la peau dans l'espace de couleurs rgb possède une variance relativement plus basse que la classe correspondante dans l'espace de couleurs RGB [Yang et al., 1998]. La figure 4.4 présente un exemple de segmentation de couleur de peau par le seuillage, dans l'espace de couleurs rgb. Dans notre système, les seuils utilisés sont $rgb(r = [0, 440; 0, 750], g = [0, 270; 0, 630])$. Il est préférable de choisir r et g car b représente l'éclairage et change rapidement suivant l'environnement.

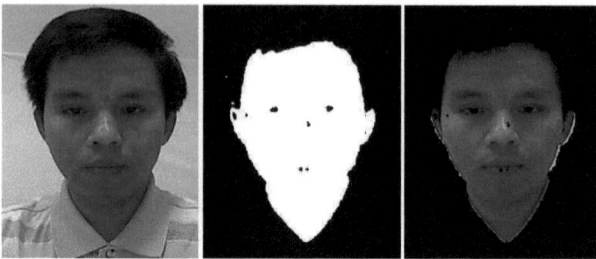

Figure 4.4. Exemple de segmentation de couleur de peau dans l'espaces de couleurs $rgb(r = [0, 440; 0, 750], g = [0, 270; 0, 630])$.

Une fois la classification des pixels de la peau effectuée, nous appliquons une érosion, suivi pas une dilatation pour enlever les pixels dispersés représentant des fausses classifications. L'analyse en composantes connexes est aussi nécessaire pour éliminer de petites régions isolées, comme par exemple le bout des doigts, séparés à cause d'occultation avec les flacons ou mal détectées à cause de la lumière.

4.2.3 Détection et suivi des régions d'intérêt

4.2.3.1 Détection et suivi du visage

Après avoir segmenté les régions de peau, il est nécessaire d'identifier le visage et les mains parmi les régions de peau. Nous détectons le visage dans la première image et le suivons dans les images suivantes.

Premièrement, la détection du visage est faite si toutes les régions de peau sont visibles (une région représente le visage et deux autres représentent les mains) et le suivi s'effectue dans les images suivantes. Il existe différentes solutions au problème de détection du visage, parmi ces méthodes, celle proposée par Viola et Jones [Viola et Jones, 2001] ont amélioré énormément la rapidité et la précision de la détection du visage, qui permet la détection des visages dans des applications pratiques et réelles.

En observant que la région de peau représentant le visage contient les traits comme les yeux, le nez et la bouche, pour différencier le visage et les mains, nous détectons l'existence des yeux dans les régions de peau. Une région avec les yeux détectés est identifiée comme le visage ; les deux autres régions de peau sont considérées comme les mains.

La littérature des méthodes de détection du visage est présentée dans la section 3.2.5.1. Parmi ces méthodes, la méthode introduite dans [Viola et Jones, 2001] peut détecter les visage en temps réel. Nos expériences ont montré que la détection des yeux à l'aide d'un algorithme de reconnaissance similaire à Viola et Jones basé sur les filtres de Harr et Ada-Boost [Santana et al., 2008] est plus rapide (la détection des yeux prend 30% de temps par rapport à la détection du visage), et plus précise que la détection du visage vue de face (le taux de détection des yeux est 98,91% par rapport 97,83% du visage) en utilisant la même méthode, ce qui sera utile pour notre application temps réel. La figure 4.5 représente un exemple de détection des yeux et du visage avec AdaBoost.

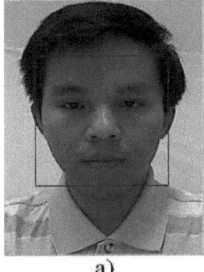 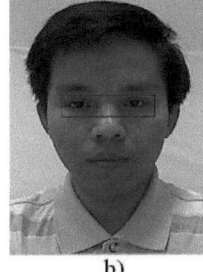

a)　　　　　　b)

Figure 4.5. Exemple de détection des yeux et du visage avec AdaBoost : a) Détection du visage, b) Détection des yeux.

Le suivi de visage est fait par l'intermédiaire de suivi des régions de peau. Pour le cas sans occultation, en supposant que le mouvement de trame-à-trame est toujours relativement faible, nous utilisons simplement leurs distances de déplacement pour suivre les régions de peau d'une trame à l'autre. Le principe de suivi des régions de peau par la distance minimale de déplacement est décrit dans la figure 4.6.

Le traitement des occultations entre les régions de peau main-main, main-visage et l'occultation main-flacon est présenté dans les sections suivantes.

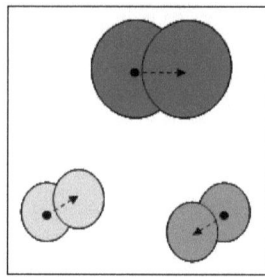

Figure 4.6. Le principe de suivi des régions de peau par la distance minimale de déplacement (région rouge : tête, régions jaune et verte : mains).

4.2.3.2 Détection et suivi de la bouche

La détection de la bouche est nécessaire pour reconnaître précisément la prise de médicaments, une étape qui n'a pas été abordée dans [Valin et al., 2006, Ammouri et Bilodeau, 2008]. Les approches actuelles pour la segmentation des lèvres peuvent être classées en quatre groupes : basé sur la couleur, le modèle, le contour et l'apprentissage. Dans la vidéo-surveillance de la prise de médicaments, le visage est assez loin de la caméra, donc les traits du visage ne sont pas très fins. En outre, le traitement en temps réel est indispensable pour la détection, le suivi et la reconnaissance de l'activité de la prise de médicaments. Pour ces raisons, nous avons à nouveau utilisé AdaBoost [Santana et al., 2008] pour la détection de la bouche dans la première image puis une comparaison simple des ratios R/G pour la suivre.

La méthode AdaBoost se base sur l'intensité, et commet parfois des fautes s'il existe des régions d'intensités semblables dans l'image. Nous avons fait des tests sur la détection des yeux, de la bouche, et du nez par l'AdaBoost et on voit que cette méthode produit de faux résultats (l'œil, le nez peuvent être détectés comme la bouche et vice-versa) et dans quelques cas, cette méthode ne donne pas de résultats (par ex. lorsque la bouche est assez fermée). Pour cette raison, la méthode basée sur AdaBoost est utilisée pour détecter la bouche au premier temps et le suivi de bouche dans les images suivantes est fait en utilisant le ratio R/G des pixels de lèvres. Cette procédure donne un résultat amélioré parce que les lèvres sont toujours visibles, même si elles sont assez fermées.

En outre, afin d'éliminer les fausses détections de la bouche, après avoir localisé les yeux, nous cherchons la bouche uniquement dans la région sous les yeux. De cette façon, nous pouvons accélérer la détection et localiser précisément la bouche.

Pour suivre la bouche dans les images suivantes, nous utilisons le filtre de Kalman pour prévoir la région de bouche et le ratio R/G est utilisé pour localiser la bouche dans cette

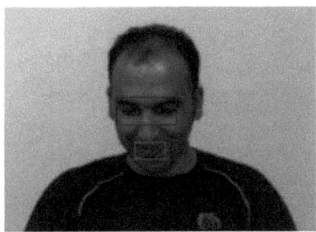

Figure 4.7. Détection des yeux et de la bouche par l'AdaBoost.

région. L'algorithme pour suivre la bouche est décrit comme suit :

- Détecter la bouche dans la première image et sa taille est représentée par (X, Y).
- Définir une région de recherche autour de la bouche (détectée dans l'image précédente), avec la taille $(2X, 2Y)$ en utilisant le filtre de Kalman et la boîte englobante de la bouche en cours (X, Y).
- Calculer la moyenne $\mu_{R/G}$ et l'écart-type $\sigma_{R/G}$ pour cette région de recherche $(2X, 2Y)$.
- Classer comme les lèvres, les pixels à haut ratio R/G par rapport à $\mu_{R/G}$ et $\sigma_{R/G}$.
- Glisser une fenêtre de taille (X, Y) autour de la région de recherche $(2X, 2Y)$ pour trouver la position de la bouche, où le nombre des pixels des lèvres est maximal.

La taille de cette région de recherche $(2X, 2Y)$ est choisie par rapport à la taille de la bouche détectée par AdaBoost (X, Y), avec une largeur et une hauteur deux fois la largeur et hauteur de la boîte englobante de la bouche, respectivement. Si cette région est assez grande, cela facilite la détection de la prise de médicaments, mais le résultat est moins précis. Au contraire, si elle est petite, la détection de la prise de médicaments est plus précise mais le taux de succès est plus bas. Donc, par l'expérience nous choissisons la taille comme ci-dessus ((X, Y) pour la bouche et $(2X, 2Y)$ pour la région de recherche autour de la bouche) et on montre qu'avec cette taille, nous obtenons un bon résultat et un compromis entre la précision de suivi de la bouche et la précision de reconnaissance de la prise de médicaments (voir les sections suivantes).

Comme présenté ci-dessus dans l'algorithme de suivi de la bouche, par l'expérience, un pixel est classifié comme pixel de lèvres s'il est un pixel de peau et $R/G \geq \mu_{R/G} + 1,4\sigma_{R/G}$. Nous avons testé cette méthode avec plusieurs images prises à partir d'Internet, et l'expérience montre que cette approche fonctionne bien puisque les lèvres ont une teinte légèrement plus rouge que la peau environnante. Certains résultats de cette méthode sont présentés dans la figure 4.8.

Le suivi de la bouche, s'arrête lorsque la région de la bouche est occultée par une région de main, ou un verre d'eau. Dans ce cas, le centre de la boîte englobante de la bouche est

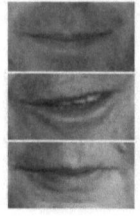 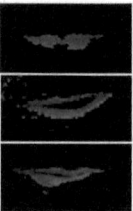

Figure 4.8. Segmentation et suivi de la bouche utilisant la ratio R/G.

prédit en utilisant le filtre de Kalman.

4.2.3.3 Détection et suivi des régions de main

Après avoir localisé la région de peau du visage, les régions de peau restantes correspondent aux mains. Un système robuste de reconnaissance de la prise de médicaments doit permettre de reconnaître les mains dans deux cas : la personne porte un vêtement à manches courtes, et la personne porte un vêtement à manches longues.

Il est observé que les régions des mains possèdent une haute densité de contours par rapport à celles des bras et nous profitons de cette information pour séparer les régions de mains des bras. Nous utilisons l'opérateur de Canny [Canny, 1986] pour détecter les contours dans les régions de peau (main + bras), avec des seuils déterminés empiriquement (40, 120 ; la taille du filtre est 3x3). Pour augmenter les performances du système, la recherche de sous-régions à plus forte densité de contours se fait le long du grand axe d'une ellipse représentant la région de peau (main + bras). La taille d'une sous-région carrée dont la taille est celle du petit axe de l'ellipse, ajustée par rapport à la taille d'ellipse, est utilisée pour représenter la main (figure 4.9).

Au cours des mouvements, la main change souvent de direction et de forme, donc il est difficile de suivre la région de main par les méthodes linéaires (par ex. filtre de Kalman), ou les méthodes utilisant l'histogramme. Pour cette raison, le suivi des régions de mains dans notre système se fait par approche "suivi par détection", c.-à-d. suivi des régions de peau représentant deux mains (avec bras) et détection des régions de mains dans ces deux régions. Le suivi des régions de peau se base sur la distance minimale de déplacement et la détection des régions de mains se fait en appliquant l'opérateur de Canny. L'histogramme de région de main en niveau de gris est calculé et gardé pour le traitement d'occultation main-main et main-visage (voir ci-dessous).

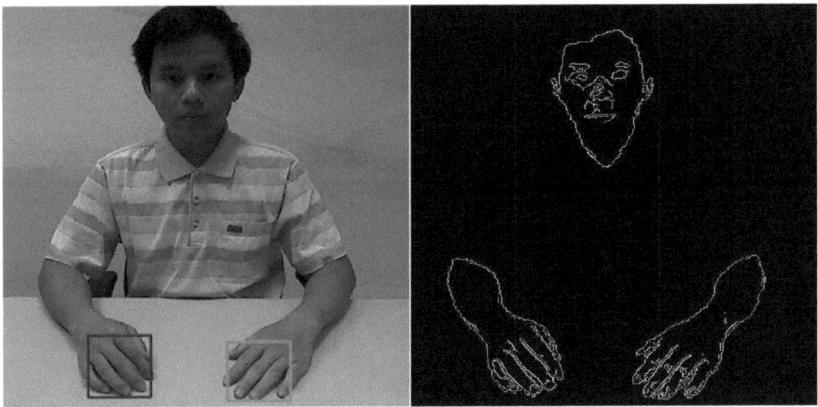

Figure 4.9. Détection des contours et segmentation des régions de main.

4.2.4 Segmentation et suivi des flacons

Pour compléter le suivi des objets intervenants dans l'activité de prise de médicaments, nous avons utilisé des flacons de couleurs différentes. La détection des flacons dans notre travail s'inspire du travail présenté dans [Valin et al., 2006], qui utilise l'information couleur, sauf que nous utilisons des seuils simples pour accélérer la détection. Chaque flacon est recouvert par une bande de couleur uniforme afin de faciliter leur détection ainsi que leur identification par les personnes âgées. Les flacons peuvent être n'importe où dans la scène.

Pour chaque flacon, des exemples de couleurs sont recueillis, dans des conditions différentes de luminance, puis la moyenne et l'écart-type (standard deviation - SD) sont calculés. Enfin, la détection des flacons est basée sur la distance (en unité de SD) à son vecteur de couleur moyenne, dans l'espace de couleurs rgb. Les régions trop petites sont ensuite éliminées par processus d'érosion et d'analyse de composantes connexes. La figure 4.10 représente un exemple de segmentation des flacons.

Les flacons et verre d'eau sont représentés par un vecteur de couleur moyenne, avec deux éléments r et g dans l'espace de couleurs rgb (deux couleurs suffisent car il s'agit d'un espace de couleurs normalisé). Pour le suivi des flacons, nous détectons les flacons dans l'image actuelle et la correspondance avec ceux dans l'image précédente est faite en déterminant la distance minimale de vecteur de couleur moyenne (équation 4.2).

$$d_{12} = \sqrt{(r_1 - r_2)^2 + (g_1 - g_2)^2} \qquad (4.2)$$

91

Figure 4.10. Traitement des occultations.

Il y a des situations où un flacon est fragmenté en petites régions, par exemple quand un flacon est occulté par les doigts. Dans ce cas, les petites régions fragmentées de flacon sont regroupées pour calculer sa boîte englobante, les petites régions fragmentées qui sont loin de son centre précédent sont ignorées.

4.3 Traitement d'occultation

Dans le système, il y a souvent occultation entre les régions de peau et les flacons. La détection d'occultation entre ces objets est donc nécessaire pour la reconnaissance de la prise de médicaments. Le filtre de Kalman et la comparaison d'histogrammes sont utilisés pour ce travail. La figure 4.11 représente l'algorithme général de traitement d'occultation.

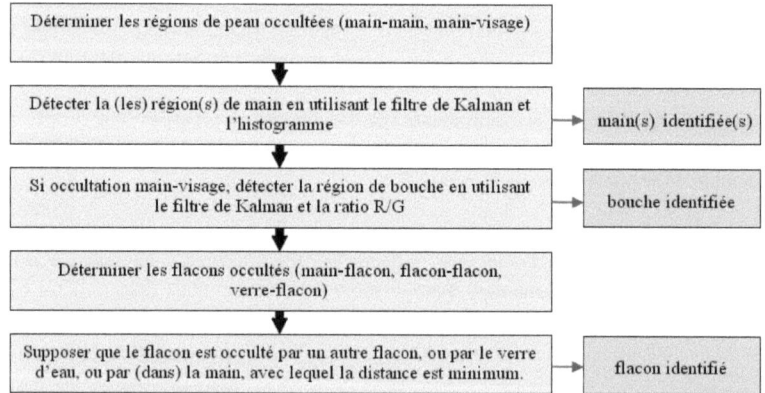

Figure 4.11. L'algorithme de traitement d'occultation.

4.3.1 Présentation des objets

Dans la section 2.5.2, nous avons vu des méthodes différentes utilisées pour la représentation des objets, dans le contexte de suivi des objets. Dans notre système, la distance entre les objets, le chevauchement des objets sont nécessaires pour la reconnaissance des activités, donc la représentation des objets par la boîte englobante facilitera la reconnaissance.

Les divers objets sont représentés par des informations différentes, les régions de peau sont représentées par :

– Une boîte englobante de région de peau
– Une boîte englobante de région d'intérêt : région de main pour les régions bras/mains et région de bouche pour le visage (figure 4.15)
– Un filtre de Kalman pour le centre de la région d'intérêt

De plus, pour les régions de main, elles sont aussi représentées avec l'histogramme en niveau de gris.

Pour les flacons, ils sont simplement représentés avec les boîtes englobantes, les vecteurs de couleur moyenne et les écart-types associés.

4.3.2 Filtre de Kalman

Dans la domaine de vision par ordinateur, le filtre de Kalman est très souvent utilisé pour le suivi des objets. Dans cette section, nous présentons brièvement ce filtrage, qui est appliqué pour le suivi et traitement d'occultation entre les objets.

Le filtre de Kalman est un estimateur récursif qui se base seulement sur l'état précédent et les mesures actuelles pour estimer l'état courant. Il ne requiert pas des observations et des estimations historiques. Le filtre de Kalman a deux phases distinctes : la phase de prédiction et celle de la mise à jour.

La phase de prédiction utilise l'état estimé à l'instant précédent pour produire une estimation de l'état courant. Dans l'étape de mise à jour, les observations à l'instant courant sont utilisées pour corriger l'état prédit dans le but d'obtenir une estimation plus précise. En suivant un objet, les informations telles que la vitesse et la position sont filtrées du bruit qu'elles peuvent contenir pour ainsi permettre une meilleure prédiction de la future position de l'objet en mouvement.

Dans notre système, le filtre de Kalman est utilisé pour représenter la position (x, y) et la vitesse de mouvement (x', y') des régions d'intérêt : région de main, région de bouche, donc la représentation d'état de filtre Kalman est :

$$
\begin{pmatrix} x_{t+1} \\ y_{t+1} \\ x'_{t+1} \\ y'_{t+1} \end{pmatrix} = \begin{pmatrix} 1 & 0 & 1 & 0 \\ 0 & 1 & 0 & 1 \\ 0 & 0 & 1 & 0 \\ 0 & 0 & 0 & 1 \end{pmatrix} \begin{pmatrix} x_t \\ y_t \\ x'_t \\ y'_t \end{pmatrix} + w_t \tag{4.3}
$$

où, x_{t+1} et y_{t+1} sont les coordonnées prédites du centre des régions d'intérêt ; x'_t, x'_t sont les vitesses de ces régions dans la direction respective ; w_t est le bruit blanc gaussien.

4.3.3 L'occultation entre les objets

Dans les travaux [Batz et al., 2005, Valin et al., 2006, Ammouri et Bilodeau, 2008], les auteurs détectent l'occultation entre les régions de peau grâce au nombre de régions de peau, lorsque ce nombre est moins que trois. Ce n'est pas toujours correct quand on travaille avec une seule caméra fixe. Par exemple, dans le cas où une main occulte le visage et une autre main se divise en deux par un des flacons, dans ce cas, il existe une occultation même s'il y a trois régions de couleur de peau.

Figure 4.12. Occultation main-visage même s'il y a trois régions de couleur de peau (rouge : tête, main-bras : rouge ou bleu, flacon : violet).

Dans notre système, nous traitons le traitement d'occultation en deux cas : l'occultation entre les régions de peau et l'occultation entre les flacons et autres objets mobiles (régions de peau, flacons). Pour le premier cas, nous distinguons quatre situations différentes :

- Une occultation possible a lieu quand la boîte englobante d'une région de peau de la trame courante (région fusionnée[2]) recouvre au moins deux centres de régions de peau dans l'image précédente, ce qui signifie que deux (ou plus) régions de la peau se chevauchent dans l'image courante ; elles sont donc marquées comme occultées (figure 4.13(a)).
- Une région est non occultée si elle n'est pas marquée comme occultée dans l'étape

---

2. Une région fusionnée est une région créée par la fusion de deux ou plusieurs régions, à cause de chevauchement de ces régions, du point de vue d'une caméra fixe

précedente et sa boîte englobante dans l'image courante recouvre exactement un centre d'une région dans l'image précédente. Par contre, si elle est marquée comme occultée dans étape précédente, elle est non occultée si son centre de boîte englobante est recouvert par deux boîtes englobantes dans l'image actuelle (région bleue dans la figure 4.13(a, b))

– Une région est divisée si sa boîte englobante ne recouvre aucun centre des régions dans l'image précédente (figure 4.13(c)).

– Une région qui ne fait pas partie des situations ci-dessus est considérée simplement comme ayant quitté ou disparu de la scène.

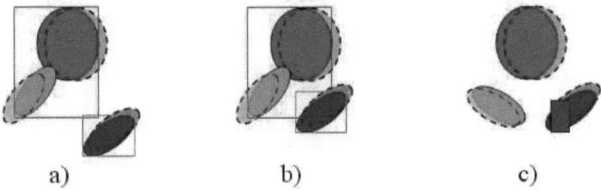

a)   b)   c)

Figure 4.13. Les situations d'occultations différentes (rouge : tête, main-bras : vert ou bleu, flacon : violet) ; les objets en solide représentent les objets dans la trame courante.

Comme montré dans la figure 4.13, les ellipses en pointillés représentent la position des régions de peau dans l'image précédente ; celles en solide représentent la position des régions de peau dans l'image courante. Dans l'image 4.13(a), la boîte englobante de la région fusionnée (main en vert + visage en rouge) chevauche les centres de ces régions dans l'image précédente. Dans la figure 4.13(b), le centre de main en bleu est couvert par deux boîtes englobantes, donc la main en blue n'est pas occultée. Une région de peau (main en bleu dans la figure 4.13(b)) est divisée en deux à cause de l'occultation avec un flacon.

Dans le second cas, une région de peau pourrait se diviser en deux à cause des autres objets mobiles, par exemple une région de main peut se diviser en deux lors de la prise d'un verre d'eau ou d'un flacon (assez grand). Dans ce cas, seule la région de peau divisée qui recouvre son centre précédent, ou qui est à la distance minimale de son centre précédent est suivie. Les autres régions de peau loin de son centre précédent sont ignorées.

Dans le cas d'occultation entre régions de peau (main-visage, main-main), nous devons déterminer la position des régions occultées. L'approche décrite ci-dessous est appliquée pour déterminer la position de la main dans les cas d'occultation main-visage, main-main (figure 4.14) :

– Définir une zone de recherche (ZR) pour la région de main en utilisant un filtre de Kalman (voir plus haut) et la boîte englobante de cette région. Cette boîte englobante est estimée avant l'occultation.

95

– Faire glisser la boîte englobante de la main (appelée la fenêtre de recherche - FR) sur la zone de recherche (ZR) et calculer l'histogramme des niveaux de gris dans la fenêtre de recherche.

– Chercher la position où l'intersection d'histogrammes entre la région de main et la fenêtre de recherche est maximale.

Figure 4.14. Traitement d'occultation entre les régions de peau ; zone de recherche (ZR) : boîte englobante en noire, fenêtre de recherche (FR) : boîte englobante en vert.

Dans le cas d'occultation main-visage, la position de la bouche est déterminée par l'algorithme décrit dans la section 4.2.3.2. Au moment de l'occultation main-visage, si la main est assez proche de la bouche et en occultation avec la région autour de la bouche, le suivi de bouche s'arrête et nous prévoyons la position de la bouche dans ce cas en utilisant le filtre de Kalman. La figure 4.15 montre un exemple de traitement d'occultation main-visage, avec la région de main (boîte englobante en vert), la région autour de la bouche (boîte englobante en noir), et la boîte englobante de la bouche (en rouge).

Pour diminuer le calcul au moment de chercher et calculer l'intersection d'histogrammes, nous déplaçons la fenêtre de recherche sur la zone de recherche avec un pas de deux pixels horizontaux et verticaux. L'expérience montre que ce choix de déplacement n'influence pas les résultats, car les traits de main se concentrent au centre de main.

Pour les flacons, ils peuvent être en occlusion avec d'autres flacons ou avec les mains. Chaque fois qu'un flacon est invisible, il est supposé être caché derrière un autre flacon ou une région de main (quand la main prend le flacon). La décision est simplement faite conformément à un critère de distance minimale entre les centres de boîtes englobantes. Enfin, le suivi des flacons reprend quand il réapparaît, comme dans le cas sans occultation. La figure 4.16 représente des situations différentes d'occultation de flacons.

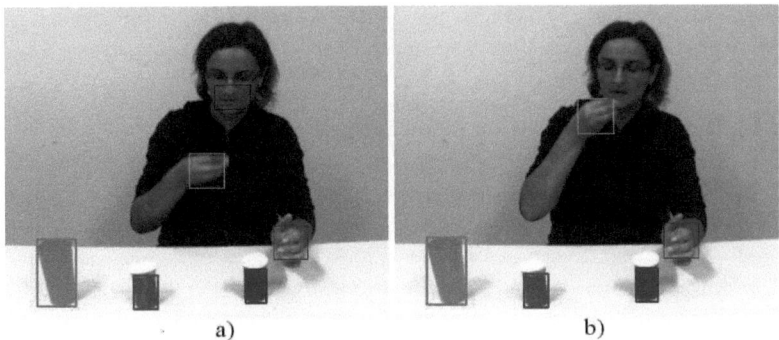

Figure 4.15. Exemple de traitement d'occultation main-visage : a) avant occultation, b) en occultation.

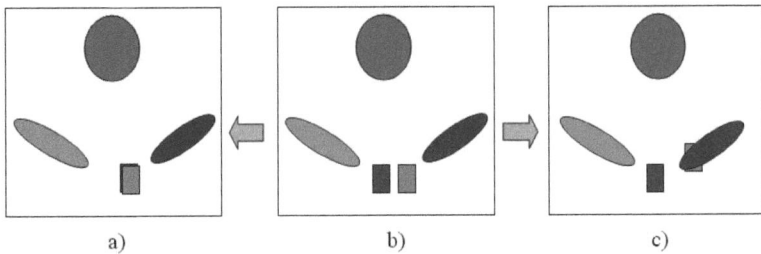

Figure 4.16. L'occultation de flacons : a) flacon par flacon, b) sans occultation, c) flacon par (ou dans) la main.

4.4 Reconnaissance d'activité

Dans le chapitre 3, nous avons présenté des approches différentes pour la reconnaissance de la prise de médicaments : approche basée sur le concept de scénarios [Valin et al., 2006], approche déclarative [Batz et al., 2005], approche basée sur le réseau de Petri [Ammouri et al., 2008]. Ces approches possèdent certaines limitations par rapport au contexte réel de la prise de médicaments.

Dans cette section, nous présentons une approche hiérarchique simple et plus réaliste pour la reconnaissance de la prise de médicaments, basée sur les différentes façons d'exécuter l'activité, ce qui nous permet de reconnaître des situations différentes de la prise de médicaments. De plus, notre système est plus réaliste par rapport aux systèmes précédents, puisqu'il permet la présence d'un verre d'eau. Nous appliquons aussi la méthode de validation croisée de type "leave-one-out " [Kohavi, 1995] pour modéliser l'activité de chaque

97

personne par un modèle, ce qui nous permet de reconnaître la normalité/anormalité des activités de prise de médicaments, ce qui n'est pas abordé dans les travaux précedents.

4.4.1 Hiérarchie de prise de médicaments

L'activité de prise de médicaments se compose d'événements différents, de bas à haut niveau, et se passe dans des ordres différents. Pour la reconnaissance robuste de la prise de médicaments, nous définissons l'activité de prise de médicaments d'une manière hiérarchique, composée de trois niveaux : activité élémentaire, activité simple, activité complète, comme décrit dans la figure 4.17. Au niveau le plus bas, nous détectons les activités élémentaires dans l'image entrée $(X, A_1, B_1, C, D, ...)$. Ensuite, ces activités élémentaires sont utilisées pour détecter les activités simples, au niveau intermédiaire. Au niveau plus haut, nous détectons les activités complètes de prise de médicaments.

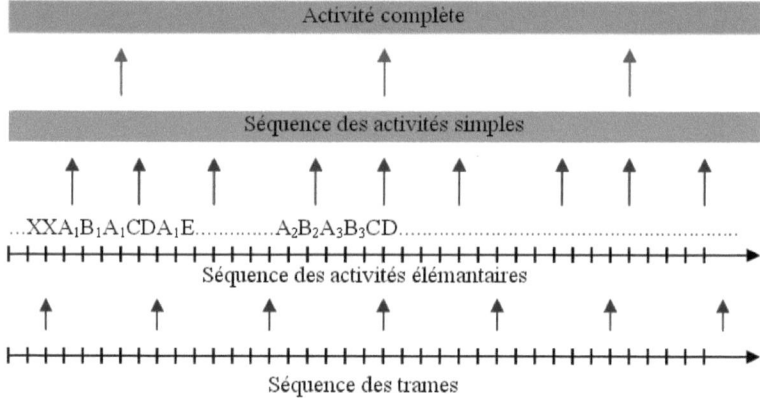

Figure 4.17. Hiérarchies des activités de la prise de médicaments.

Une activité élémentaire est l'activité la plus fine au niveau de la décomposition et de la détection (ou événement pour être plus bref), elle est une des actions suivantes pour la surveillance de prise de médicaments :

- A_i : une main touche un flacon i.
- B_i : deux mains touchent un flacon i, correspondant à l'activité d'ouverture ou de fermeture du flacon.
- C : une main approche le visage.
- D : une main touche la région de bouche.
- E : une main touche un verre d'eau qui chevauche la région du visage.

- X : événement non-intéressant, comme : une main se déplace librement, une main tient un verre d'eau, deux mains se chevauchent,...

Au niveau intermédiaire, nous définissons l'activité simple de la prise de médicaments comme :

- A_iB_i : les activités impliquant la manipulation du flacon, ce qui correspond à : la prise et l'ouverture du flacon, la prise du(des) comprimé(s) à partir du flacon et la fermeture du flacon.
- CD : activité liée à la prise de médicaments comme telle : une main portant les comprimés à la bouche, puis (implicite) avaler les comprimés.

Au troisième et dernier niveau, nous définissons l'activité complète - le processus complet de la prise de médicaments, qui consiste en l'ouverture et la prise du médicament (A_iB_i), suivie par avaler des comprimés ($A_iB_i \Rightarrow CD$).

Comme montré dans la figure 4.17, l'activité de la prise de médicaments est représentée de manière hiérarchique, donc la reconnaissance doit être faite dans le même ordre, de bas à haut niveau. L'algorithme de reconnaissance en temps réel des activités de la prise de médicaments est présenté ci-dessous :

- Pour chaque image en entrée :
  o Détecter l'événement dans l'image entrée (A, B, C, D, E, X) et l'ajouter à une séquence d'événements actuels.
  o Compresser la séquence des événements en cours, c.-à.-d regrouper des événements répétitifs.
  o Reconnaître l'activité simple (A_iB_i, CD, s'il y a lieu) dans de la séquence d'événements actuels.
  o Reconnaître l'activité complète ($A_iB_i \Rightarrow CD$) de la séquence d'activités simples.
- Fin de boucle.

Dans les sections suivantes, nous présentons en détail la reconnaissance de la prise de médicaments, de bas à haut niveau.

4.4.2 Reconnaissance de l'activité élémentaire

Au bas niveau, nous devons détecter les événements à partir des trames entrées, chacune des trames représente un état de la prise de médicaments et libellé par un label d'événement correspondant.

L'événement "une main touche le flacon i" est détecté quand il y a un chevauchement entre la boîte englobante de main et celle du flacon i. De même, lorsque le chevauchement se passe entre les deux boîtes englobantes des mains et celle du flacon, l'événement "ouverture ou fermeture du flacon i" est détecté. De la même manière, l'événement "main approche le visage" correspond à l'occultation entre la région de main et celle de visage. L'événement "avaler le comprimé" correspond à l'occultation entre la région de main et la région de bouche, l'événement "prendre de l'eau" correspond à un chevauchement entre le verre d'eau et le visage. La figure 4.18 représente des exemples d'activités élémentaires.

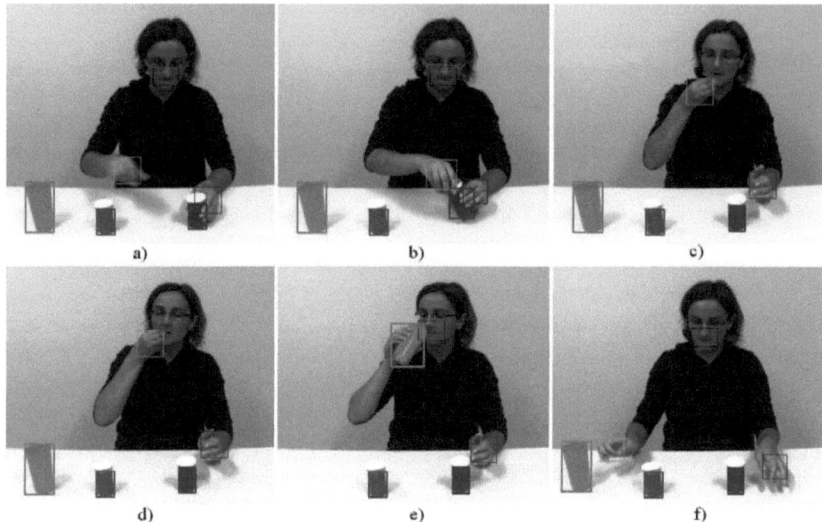

Figure 4.18. Exemples d'activités élémentaires : a-e) correspond aux activités A, B, C, D, E ; f) correspond à l'activité X.

Notez que l'activité "prendre de l'eau" est une activité indépendante qui est reconnue directement quand elle se produit sans un examen plus approfondi dans les prochaines étapes. En effet, l'activité "prendre de l'eau" n'est pas obligatoire pour la détection de la prise de médicaments et elle peut prendre place dans n'importe quel ordre.

En outre, une activité élémentaire peut être répétée dans les trames successives, de sorte qu'il sera plus efficace pour la prochaine étape de reconnaissance de "compresser" la répétition dans un seul événement. L'algorithme de reconnaissance et de compression des activités élémentaires se résume ainsi :

- Pour chaque image en entrée :
  - ○ Détecter l'activité élémentaire.
  - ○ Ajouter l'activité détectée à la liste des activités élémentaires.
  - ○ Compresser la liste des activités élémentaires.

– Fin de boucle.

Afin d'éviter de vérifier toute la séquence des événements à chaque fois qu'il faut compresser, une étiquette est utilisée pour marquer la partie dans la liste où la compression est déjà faite. L'exemple de compression des activités élémentaires est donc présenté dans la table 4.1.

TABLE 4.1. Exemple de "compression" des événements consécutifs au niveau plus bas.

#Trames	événement détecté	séquence des événements actuels	séquence des événements élémentaires compressés
1	X	X	X
2	X	XX	X
3	A_1	XXA_1	XA_1
4	A_1	XXA_1A_1	XA_1
5	B_1	$XXA_1A_1B_1$	XA_1B_1
6	B_1	$XXA_1A_1B_1B_1$	XA_1B_1
7	C	$XXA_1A_1B_1B_1C$	XA_1B_1C
8	C	$XXA_1A_1B_1B_1CC$	XA_1B_1C
9	D	$XXA_1A_1B_1B_1CCD$	XA_1B_1CD

Dans la réalité, l'activité de prise de médicaments peut prendre différentes formes, avec la répétition des états ou non. La compression des événements répétitifs, regroupe les événements liés en groupes plus petits, qui contribuent à la reconnaissance des activités simples et complètes dans les étapes suivantes. En outre, cette compression nous aide à faire des statistiques sur la durée des activités et nous permet de détecter l'anormalité/normalité des activités, ce qui n'est pas abordé dans [Batz et al., 2005, Valin et al., 2006, Ammouri et Bilodeau, 2008].

Après cette étape, les activités sans intérêt sont éliminées et les activités qualifiées sont passées à l'étape suivante pour la reconnaissance des activités simples. À tout moment, nous gardons la liste des activités élémentaires actuelles.

4.4.3 Reconnaissance de l'activité simple

La forme d'activité A_iB_i représente la manipulation d'un flacon : ouvrir/fermer flacon, ou prendre comprimé. Dans nos expérimentations, il y a deux flacons donc les activités de manipulation sur les flacons peuvent être : A_1B_1, A_2B_2. La personne peut manipuler plusieurs fois un flacon, donc il est supposé que la première A_iB_i est l'ouverture de flacon ; la seconde A_iB_i correspond à la prise de comprimé et la troisième A_iB_i correspond à la ferme-ture de flacon. De cette analyse, la fréquence des activités simples de type A_iB_i sur chaque flacon i est accumulée pour la reconnaissance de la prise de médicaments, elle représente l'évolution d'activité sur le flacon i : 1-ouvrir le flacon, 2-prendre le comprimé, 3-fermer le flacon.

L'autre activité simple est la CD représentant l'activité d'amener les comprimés à la bouche et les avaler. À chaque moment où l'activité simple CD est reconnue, la reconnais-sance d'activité complète est activée (voir plus bas), donc il n'est pas nécessaire d'accumuler la fréquence d'activité simple CD.

Pour reconnaître des activités simples, nous cherchons et localisons les activités de type A_iB_i, CD sur la séquence des activités élémentaires. Le nombre de répétitions des activités simples de type A_iB_i est accumulée au cours de la reconnaissance. Les activités simples reconnues sont conservées pour les prochaines étapes et tous les autres événements non-intéressants sont éliminés. La table 4.2 représente la reconnaissance des activités simples dans la séquence des événements.

TABLE 4.2. Exemple de reconnaissance des activités simples.

Séq. des activités élémentaires	Activités simples reconnues
A_1B_1	Ouvrir flacon 1
$A_1B_1A_1B_1$	Ouvrir flacon 1 et prendre comprimé
$A_1B_1A_1B_1CD$	Ouvrir flacon 1, prendre et avaler comprimé
$A_1B_1A_1B_1CDA_1B_1$	Ouvrir flacon 1, prendre et avaler comprimé, fermer flacon

4.4.4 Reconnaissance de l'activité complète

Comme analysé dans la section 3.2.6, les travaux [Batz et al., 2005, Valin et al., 2006, Ammouri et Bilodeau, 2008] ne peuvent pas détecter des situations complexes : (1) si la personne prend réellement un comprimé, (2) si la personne prend plusieurs comprimés en même temps, (3) la personne met le comprimé dans la bouche,... Dans cette section, nous présentons des améliorations de la prise de médicaments par rapport aux travaux précédents, pour ces situations plus complexes.

Les activités simples reconnues dans l'étape ci-dessus sont utilisées pour vérifier s'il existe une forme d'activités $(A_iB_i \Rightarrow CD)$. Notez que l'activité de prise de médicaments peut se faire avec un comprimé à la fois ou plusieurs comprimés ensemble, de différentes manières. La figure 4.19 présente différentes manières de prise de médicaments : prendre un comprimé à la fois, avec ou sans l'eau ; prendre deux comprimé à la fois, avec ou sans l'eau.

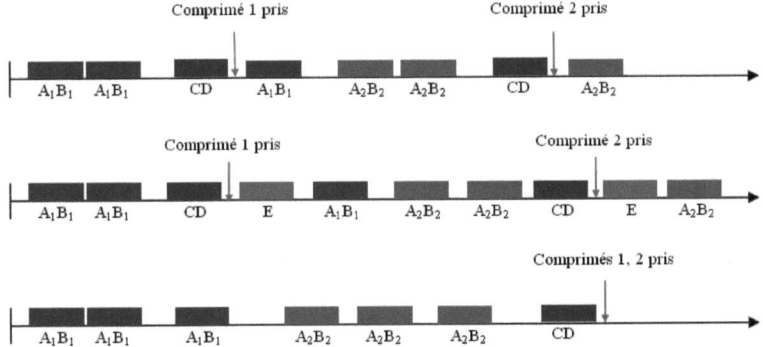

Figure 4.19. Des manières différentes de prise de médicaments.

Comme décrit ci-dessus, le comprimé de flacon i est réellement pris si l'activité simple CD s'est passée au moins après la deuxième activité A_iB_i (le premier A_iB_i correspond à l'activité d'ouverture flacon, le deuxième A_iB_i correspond à l'activité de prise de comprimé). Dans le cas contraire, si l'activité simple CD s'est passée après la première A_iB_i, la prise de médicaments n'est pas reconnue, une erreur se pose.

Pour reconnaître la prise de médicaments, nous cherchons dans la séquence des activités simples, l'activité simple de type CD. Chaque fois que l'activité simple de type CD est reconnue, un retour en arrière est fait pour trouver les activités simples de type A_iB_i. S'il existe une activité de type A_iB_i et son nombre de répétitions est supérieur à 1, le comprimé du flacon i est pris, et le processus est continué. Une étiquette est utilisée afin de marquer les flacons déjà utilisés. Un exemple de reconnaissance de la prise de médicaments est présenté dans la table 4.3.

TABLE 4.3. Exemple de reconnaissance des activités complètes.

Ordre	Séquence des activités simples	Activités complète reconnue
1	$A_1B_1(3)CDA_2B_2(3)CD$	$A_1B_1 \Rightarrow CD, A_2B_2 \Rightarrow CD$
2	$A_1B_1(2)CDA_1B_1A_2B_2(2)CDA_2B_2$	$A_1B_1 \Rightarrow CD, A_2B_2 \Rightarrow CD$
3	$A_1B_1(1)A_2B_2(2)CDA_2B_2A_1B_1CDA_1B_1$	$A_2B_2 \Rightarrow CD, A_1B_1 \Rightarrow CD$
4	$A_1B_1(2)A_2B_2(2)CDA_2B_2A_1B_1$	$A_1B_1, A_2B_2 \Rightarrow CD$

Comme montré dans la table 4.3, la prise de médicaments peut être effectuée par des façons différentes. Le numéro dans la parenthèse représente la fréquence de l'activité. Par exemple, $A_1B_1(3)$ représente la répétition 3 fois de l'activité A_1B_1. Première ligne dans la table 4.3 représente la prise de médicaments par ordre : (1) ouvrir flacon 1, (2) prendre comprimé de flacon 1, (3) fermer flacon 1, (4) avaler comprimé de flacon 1. C'est pareil pour la prise de comprimé de flacon 2.

A la fin de la vidéo, nous vérifions si tous les flacons sont déjà utilisés (ou non) selon la prescription médicale de la personne. Si oui, la prise de médicaments est terminée avec succès. Sinon, le système va envoyer une alarme.

4.4.5 Normalité et anormalité des activités

Pour améliorer la robustesse de notre algorithme, nous analysons de durée des événements, des activités pour déterminer leur anomalité/normalité. Des statistiques sur la durée des activités lors d'une phase d'apprentissage sont utilisées dans le but de développer un modèle pour chaque personne.

Dans notre système, les situations anormales sont les cas suivants :
– Une activité élémentaire $(A_i, B_i, C, D, ...)$ est trop longue ou trop courte, en comptant le nombre de trames.
– La durée d'une activité simple $(A_iB_i$ ou $CD)$ est trop longue ou trop courte.
– La durée relative d'une activité simple est trop longue ou trop courte par rapport à la durée totale de l'activité complète.

Par exemple, il existe des situations où une main (ou deux mains) occulte un flacon par hasard, pendant une courte période (petit nombre de trames) lors de l'acquisition vidéo, et qui ne correspondent ni à l'ouverture du flacon, ni de fermeture de flacon, ni à prendre le comprimé. À l'inverse, une main (ou deux mains) peut être placée en face d'un flacon en occultation du point de vue de caméra et durer trop longtemps (grand nombre de trames). Malheureusement dans certains cas, ces situations peuvent durer juste assez longtemps pour être considérées comme un événement valable. Dans ces cas, une caméra stéréo sera utilisée pour améliorer les résultats (voir chapitre 5).

D'autres situations qui mèneront à des activités anormales sont : une personne âgée qui ne peut pas ouvrir un flacon (A_iB_i sans le CD correspondant), une personne qui touche sa bouche pour une raison quelconque, comme se gratter ou manger (CD sans le A_iB_i correspondant), etc. Les paramètres d'activité anormale (seuils de durée) sont calculés après avoir entrainé le système pour le comportement particulier de chaque personne âgée. Cette stratégie d'apprentissage simple permet d'adapter le système à chaque individu pour une meilleure performance. Le détail de cette stratégie est présenté dans la section suivante.

4.5 Résultats

Lors d'une étape d'apprentissage préliminaire, les gammes de couleurs de peau (et des seuils appropriés) sont déterminées expérimentalement pour différents types de couleur de peau, en environnement intérieur. Une procédure similaire est faite pour les flacons. Les seuils de durée d'activité sont également calculés au cours d'une phase d'apprentissage. Dans la pratique, cette étape sera répétée pour chaque personne âgée dans son cadre familial pour une détection plus précise. La table 4.4 représente des seuils utilisés dans notre système.

TABLE 4.4. Les seuils utilisés dans le système.

Objets à segmenter	L'espace de couleurs et les seuils utilisés
Couleur de peau	rgb ; r=[0,440 ; 0,750], g=[0,270 ; 0,630]
Flacon vert	rgb ; $\mu_r = 0,2512, \sigma_r = 0,0537, \mu_r \pm 2\sigma_r$;
	$\mu_g = 0,4422, \sigma_g = 0,0295, \mu_g \pm 2\sigma_g$;
Flacon bleu	rgb ; $\mu_r = 0,0548, \sigma_r = 0,0537, \mu_r \pm 2\sigma_r$;
	$\mu_g = 0,3141, \sigma_g = 0,0179, \mu_g \pm 2\sigma_g$;
Verre d'eau	rgb ; $\mu_r = 0,5878, \sigma_r = 0,0686, \mu_r \pm 2\sigma_r$;
	$\mu_g = 0,1780, \sigma_g = 0,0398, \mu_g \pm 2\sigma_g$;
Lèvres	RGB ; $\geq \mu_{R/G} + 1,4\sigma_{R/G}$;
Soustraction du fond	RGB ; $\mu_R \pm 3\sigma_R, \mu_G \pm 3\sigma_G, \mu_B \pm 3\sigma_B$;

Nous avons capturé la séquence vidéo d'une caméra Prosilica, à la fréquence de 20 images par seconde, avec une résolution d'image de 659x493 pixels sans compression vidéo (pour une meilleure qualité d'image). Les positions du visage, les mains et les flacons sont initialisés automatiquement alors que la personne est complètement entrée dans la scène. La détection, le suivi et la reconnaissance de prise de médicaments ont été testés avec des séquences prises avec trois personnes différentes.

Nous avons traité manuellement les séquences vidéo et noté les résultats de détection et du suivi. La détection et le suivi de mains est considérée comme un succès si la région détectée est au bout de la boîte englobante de région de peau, autours des doigts, avec un maximum de densité de contours et la distance maximum est d'environ 3 pixels par rapport aux les bords horizontaux et verticaux de cette boîte. En cas d'occlusion main-main, main-visage, la détection est correcte si la région de main est bien détectée dans la région fusionnée main-main, main-visage. L'observation des succès dans la détection et suivi de bouche est faite de la même façon.

Pour les flacons, on a un succès dans la détection s'ils sont bien détectés quand ils sont

105

visibles. Dans le cas d'une occultation partielle, on a un succès dans la détection si la région représentant le flacon est assez grande. Avec une grande occultation, le suivi est correct si la suggestion d'occultation grâce à la distance est correcte, après l'autre flacon ou après (ou dans) la main.

Comme nous pouvons le voir dans la table 4.5, la détection et le suivi des flacons sont absolument corrects. Les erreurs se sont produites avec la région de la bouche au moment d'avaler les comprimés, lorsque le visage s'est soudainement déplacé vers le haut tandis que la région de bouche était recouverte par la région main, ce qui empêche le suivi correct de la région bouche. Heureusement, cela n'a aucune influence sur la reconnaissance de prise de médicaments parce que nous avions déjà reconnu le moment où un chevauchement entre la région de main et la région de bouche a eu lieu auparavant. Pour le suivi de la main, quelques erreurs se sont produites quand une région de main était cachée derrière le (assez grand) verre d'eau. Cela peut être amélioré en utilisant un verre d'eau plus petit dans le système réel. Certaines inexactitudes ont également été observées quand la main chevauche le visage.

TABLE 4.5. Taux de succès de détection et de suivi.

Séquences vidéo	#trames	Suivi des mains	Suivi des flacons	Suivi de bouche
Caroline : 17 séq.	2691	98,95%	100,00%	97,99%
Hung : 14 séq.	1937	98,97%	100,00%	97,01%
Mohamed : 11 séq.	2439	98,97%	100,00%	97,99%

La table 4.6 montre les résultats de la reconnaissance d'ouverture, fermeture de flacon. Avec l'activité de l'ouverture de flacon, dans nos expériences, le couvercle de chaque flacon était déjà ouvert et simplement mis sur le flacon, donc il y avait quelques rares situations où il n'y avait pas de chevauchement entre ces trois régions (deux mains et un flacon) parce que l'ouverture était tout simplement trop facile et trop rapide. Dans ces cas, l'activité d'ouverture n'a pas été détectée et par conséquent nous n'avons pas pu reconnaître l'activité de prise de médicaments. Les faux négatifs [3] dans la reconnaissance de la fermeture de flacon influent sur la reconnaissance de la "totalité" de prise de médicaments. Le même problème existe avec la fermeture d'un flacon, ce qui cause aussi des faux négatifs.

Les résultats de reconnaissance pour prendre et avaler des comprimés sont indiqués dans la table 4.7. Parmi 17 séquences de Caroline, 10 séquences de prise de médicaments de façon séparée (un comprimé à la fois) et 7 séquences de prise de médicaments ensemble (plusieurs comprimés à la fois). Avec Hung, ce rapport est 10 pour 4. Dans les séquences de Mohamed,

---

3. Les faux négatifs, désigne les cas où l'activité est correcte mais elle est mal reconnue. Dans le cas contraire, nous utilisons le terme faux positif.

TABLE 4.6. Reconnaissance des activités simples : ouvrir et fermer un flacon.

Séquences vidéo	Ouvrir un flacon			Fermer un flacon		
	Corrects	faux négatifs	faux positifs	Corrects	faux négatifs	faux positifs
Caroline : 17 séq.	33	1	0	33	1	0
Hung : 14 séq.	28	0	0	28	0	0
Mohamed : 11 séq.	22	0	0	22	0	0

les comprimés sont pris un à la fois. Le faux négatif (Caroline) survient quand la main se déplace si rapidement, que la région de la main est floue, la détection de la région de la main n'est alors pas exacte.

TABLE 4.7. Reconnaissance des activités simples : prendre et avaler un comprimé.

Séquences vidéo	Prendre comprimé			Avaler comprimé		
	Corrects	faux négatifs	faux positifs	Corrects	faux négatifs	faux positifs
Caroline : 17 séq.	34	0	0	27	1	0
Hung : 14 séq.	28	0	0	24	0	0
Mohamed : 11 séq.	22	0	0	22	0	0

La table 4.8 montre la reconnaissance de prendre de l'eau. Dans le contexte de prise de médicaments, la prise de l'eau est raisonnable et évidente. De plus, dans cette recherche, la prise de l'eau est reconnue simplement s'il y a un chevauchement entre le verre d'eau et la région de peau représentant le visage, donc le taux de succès est presque absolu.

TABLE 4.8. Reconnaissance d'activité de prise de l'eau.

Séquences vidéo	Corrects	faux négatifs	faux positifs
Caroline : 17 séq.	27	0	0
Hung : 14 séq.	24	0	0
Mohamed : 11 séq.	22	0	0

Nous faisons les statistiques de la durée des activités en nombre de trames et en valeur relative (par rapport à la durée totale de l'activité complète) pour chaque activité et développons un modèle pour chaque personne, présenté dans la table 4.9. Pour chaque personne, un modèle pour chaque activité simple peut être développé en utilisant une Gaussienne simple, représentée par $(\mu_{act\_sim} \pm 2\sigma_{act\_sim})$. C'est logique d'avoir un modèle pour chaque personne parce que des personnes différentes prennent des médicaments de façon différente.

TABLE 4.9. Modèle de prise de médicaments pour chaque personne : La plage de temps des activités $(\mu_{act\_sim} \pm 2\sigma_{act\_sim})$, en #trames et % - représente un intervalle de confiance de 95%.

	Caroline	Hung	Mohamed
Ouvrir flacon			
Temps absolu (trames)	1-8	1-4	1-8
Temps relatif sans l'eau (%)	4-26	7-23	3-25
Temps relatif avec l'eau (%)	2-17	4-14	1-16
Fermer flacon			
Temps absolu (trames)	2-15	2-7	2-16
Temps relatif sans l'eau (%)	14-42	15-34	14-45
Temps relatif avec l'eau (%)	8-26	10-20	8-29
Prendre comprimé			
Temps absolu (trames)	2-11	1-6	2-14
Temps relatif sans l'eau (%)	7-34	3-31	1-35
Temps relative avec l'eau (%)	3-23	1-19	1-23
Avaler comprimé			
Temps absolu (trames)	5-17	3-11	4-20
Temps relative sans l'eau (%)	19-56	30-57	4-20
Temps relative avec l'eau (%)	12-32	16-37	14-35
Prendre l'eau			
Temps absolu (trames)	15-23	8-14	9-27
Temps relative avec l'eau (%)	30-51	27-52	20-54

Le choix de modèle $(\mu \pm 2\sigma)$ permet de recouvrir plus de 95% de cas normal. Comme montré dans le table 4.9, Caroline ouvre le flacon pendant le temps de 1 à 8 trames, cela correspond de 4% à 26% par rapport à l'activité complète dans le cas sans l'eau et de 2% à 17% dans le cas avec l'eau.

Des valeurs mesurées en dehors de ces plages devraient susciter une analyse plus poussée du responsable des soins de la personne âgée et cela même si la prise de médicament est confirmée par le système. Par exemple, on peut imaginer que la personne place ces deux mains derrière un des flacons à deux reprises au cours du temps (engendrant 2 fois la séquence A_iB_i) puis se gratte le nez (CD) ce qui provoque la détection d'une prise de médicament (faux positif). Par contre ce genre de situation sera généralement infirmé si on considère les plages de temps normales pour chacune des activités (Table 4.9). Une autre alternative sera aussi présentée au chapitre suivant.

4.6 Conclusion

Dans ce chapitre, nous avons présenté un système mono-caméra pour la surveillance de la prise de médicaments. Rappelons que la personne reste seule dans son appartement. Dans le cas contraire, ce n'est pas nécessaire d'avoir un système de ce type. Les principales contributions et originalités de ce travail sont :

- Notre approche permet de reconnaître en temps réel l'activité de prise de médicaments.
- L'approche hiérarchique proposée permet de reconnaître des façons différentes de prises de médicaments.
- L'existence d'un verre d'eau dans notre système est raisonnable et permet de "compléter" la prise de médicaments.
- La répétition des activités est prise en compte pour estimer la durée des activités.
- Un modèle développé pour chaque personne nous permet de valider la normalité, l'anormalité de la prise de médicaments.

Cependant, cette approche travaille avec une caméra fixe, donc il existe des limitations dans la détection des activités élémentaires, qui se base sur l'occultation des objets. Dans le chapitre suivant, nous présentons un système de caméra stéréo, qui permet de traiter plus efficacement l'occultation entre les objets et par conséquent permet de reconnaître plus précisément la prise des médicaments.

CHAPITRE

SURVEILLANCE DE PRISE DE MÉDICAMENTS UTILISANT UNE CAMÉRA STÉRÉO

5.1 Introduction

Ce chapitre aborde les approches actuelles adoptées pour la calibration de caméra en photogrammétrie à courte portée et en vision par ordinateur.

En particulier, nous présentons nos solutions pour améliorer la reconnaissance de la prise de médicaments, par l'estimation des contacts entre les objets occultés : main-visage, main-flacon. Dans les sections suivantes, nous proposons deux solutions pour l'amélioration du traitement de l'occultation : (1) la calibration standard pour reconstruire en 3D et (2) la vision canonique pour estimer la profondeur des objets. L'expérience montre que l'approche vision canonique utilisant une caméra stéréo pour estimer la profondeur des objets est simple et convenable pour notre problème. Le détail de notre approche est présenté dans les sections suivantes.

5.2 Calibration de caméra

En vision 3D, il est nécessaire de connaître la relation entre les coordonnées 3D de l'objet et les coordonnées 2D correspondantes dans l'image [Heikkilä, 2000]. Cette transformation est déterminée par la calibration géométrique en déterminant expérimentalement les paramètres inconnus du modèle d'appareil photo. Un ensemble complet des paramètres de calibration comprend à la fois les paramètres intrinsèques qui décrivent la combinaison de saisie d'image lentilles-capteur (CCD ou CMOS) de la caméra ainsi que les paramètres extrinsèques qui concernent la position et l'orientation de la caméra par rapport à un cadre de référence fixe. Typiquement, les techniques de calibration de caméra sont basées sur l'observation de cibles planes 2D ou 3D (figure 5.1), constituées d'un grand nombre de points de repère faciles à identifier et localiser avec des positions connues dans un système de coordonnées réelles [Forsyth et Ponce, 2002]. Dans ce contexte, la calibration de caméra peut être modélisée comme un processus d'optimisation où la divergence entre les descripteurs observés de l'image et leurs positions théoriques prédites par les équations de transformation perspective est minimisée par rapport aux paramètres intrinsèques et extrinsèques de la caméra.

Figure 5.1. Échiquier comme mire de calibration.

Une évaluation des trois méthodes connues de calibration de Tsai, Heikkilä et Zhang se trouve dans [Sun et Cooperstock, 2006]. Elle fournit des détails pratiques ainsi qu'une introduction au domaine de calibration de caméra avec une révision brève de la littérature récente sur le sujet. Le livre de Gruen et Huang donne aussi que l'un aperçu des méthodes de calibrage de caméra [Gruen et Huang, 2001]. Le lecteur trouvera aussi dans [Wöhler, 2009] et [Trucco et Verri, 1998] des informations sur les méthodes classiques de calibration de caméra.

Les méthodes de calibration pour les caméras à focale longue (téléobjectif), ainsi que les méthodes de création d'objets de calibration pour ces systèmes optiques, sont examinées par Li et Lavest [Li et Lavest, 1996]. La calibration de ces caméras est plus difficile en raison principalement de la modification des paramètres du système dans le temps (zoom) ainsi que parce que le modèle sténopé (pin-hole) simple de caméra ne peut pas être appliqué dans ce cas. Enfin, la calibration de caméras avec un large angle de vue, et des paramètres de distorsion est analysé par Swaminathan et Nayar [Swaminathan et Nayar, 2000].

Nous présentons ci-dessous une revue brève d'une méthode classique pour la calibration de caméra. Dans un premier temps on peut estimer les paramètres intrinsèques en déplaçant un échiquier devant la caméra et en utilisant comme points de repère - les coins des carreaux de l'échiquier. Une méthode de ce type a été proposée par Jean-Yves Bouguet[1] et permet d'obtenir la distance focale $\mathbf{f} = (f_x, f_y)$, le centre optique $\mathbf{o} = (o_x, o_y)$, le coefficient de cisaillement a et la distorsion radiale $\mathbf{k} = (k_1, k_2, k_3, k_4, k_5)$ de la caméra. La distorsion radiale est généralement non négligeable lorsque la lentille est de type grand angle. Le coefficient de cisaillement est généralement petit ou nul pour une bonne caméra. Ces paramètres permettent de faire le lien entre un point 3D exprimé dans le système de coordonnées de la

---

1. http ://www.vision.caltech.edu/bouguetj/calib_doc/

caméra $\mathbf{X_c} = (X_c, Y_c, Z_c)$ et sa projection dans l'image en coordonnées pixels (x_p, y_p) de la manière suivante (le détail de tous les termes de l'équation (5.1) peut se retrouver dans la référence citée) :

$$
\begin{bmatrix} x_p \\ y_p \end{bmatrix} = \begin{bmatrix} f_x & \alpha . f_x & c_x \\ 0 & f_y & c_y \end{bmatrix} \left(1 + k_1 r_n^2 + k_2 r_n^4 + k_5 r_n^6\right) \begin{bmatrix} X_c/Z_c \\ Y_c/Z_c \\ 1 \end{bmatrix} + \begin{bmatrix} 2k_3 x_n y_n + k_4(3x_n^2 + y_n^2) \\ k_3(x_n^2 + 3y_n^2) + 2k_4 x_n y_n \end{bmatrix}
$$

$$(5.1)$$

Dans un second temps les paramètres extrinsèques, c-à-d une matrice de rotation $\mathbf{R}$ et un vecteur de translation $\mathbf{T}$ peuvent être obtenus en disposant des points de repère sur le plancher de la scène qui constituera le repère fixe du monde réel. Ces paramètres permettent de faire le lien entre un point 3D exprimé dans le système de coordonnées du monde réel $\mathbf{X_w} = (X_w, Y_w, Z_w)$ et celui de la caméra $\mathbf{X_c} = (X_c, Y_c, Z_c)$ de la manière suivante :

$$\mathbf{X_c} = \mathbf{R X_w} + \mathbf{T} \qquad (5.2)$$

Le plancher de la scène correspond généralement au plan $Z = 0$. La figure 5.2 représente les différents éléments du modèle de caméra (les distortions radiales ne sont pas réprésentées).

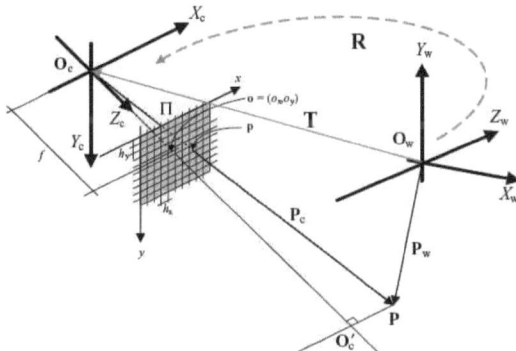

Figure 5.2. Le modèle de caméra (sans la distortion radiale) [Cyganek et Siebert, 2009].

Notons que pour notre recherche, la calibration sera beaucoup plus simple comme nous le verrons dans la section 5.4.

5.3 Stéréovision

Pour apprécier la structure des systèmes de vision en 3D basée sur le traitement de paires d'images stéréo, il est d'abord nécessaire de comprendre, au moins dans ses grandes lignes, les principes les plus fondamentaux impliqués dans la formation des images stéréo et leur analyse ultérieure. Quand on observe une scène avec les deux yeux, une image de la scène est formée sur la rétine de chaque œil. Cependant, puisque nos yeux sont déplacés horizontalement l'un par rapport à l'autre, les images formées ainsi ne sont pas identiques. En fait, cette paire d'images stéréo rétiniennes contient de faibles déplacements entre les positions relatives des points de la scène, en fonction de la proximité de ces points de la scène avec le point de fixation des yeux de l'observateur. En conséquence, il est possible d'inverser ce processus et déduire la distance de ces composantes de la scène par rapport à l'observateur en fonction de l'amplitude et de la direction de la parallaxe entre les deux images stéréo. Afin d'accomplir cette tâche, deux choses doivent être déterminées : d'une part, les points d'une image de la paire stéréo qui correspondent aux points correspondants dans l'autre image de la paire stéréo, afin de trouver les parallaxes locales, d'autre part, les propriétés géométriques et la configuration des yeux, ou des caméras. Par conséquent, un processus de calibration est nécessaire pour découvrir les informations géométriques nécessaires pour permettre au processus d'imagerie d'être inversé et récupérer les distances relatives par rapport aux surfaces observées dans le couple stéréo.

L'utilisation de deux caméras, ou stéréovision, permet notamment d'extraire l'information de profondeur de la scène, ce qui peut profiter à un grand nombre d'applications comme la détection d'obstacles, la détection de piétons, la reconnaissance de panneaux signalétiques ou le suivi de voie de circulation. Plusieurs types d'informations peuvent ainsi être extraits de la carte de profondeur et être utilisés à plus haut niveau dans l'application. Par exemple, l'extraction préalable du plan de la route à partir de la carte de profondeur permet la détection des obstacles potentiels [Labayrade et al., 2002]. Cette information est aussi utilisée pour limiter le nombre de tests pour l'étape de classification d'une application de détection de piétons [Sappa et al., 2007, Gavrila et al., 2004]. Dans [Nedevschi et al., 2004], l'information de profondeur est utilisée pour la détection et le suivi de la voie de circulation du véhicule.

5.3.1 Modèle stéréo canonique

Dans un système de vision biologique, la séparation des yeux conduit chaque œil à voir une image différente du monde. Ces disparités de position sont suffisantes pour déduire les informations de profondeur à partir d'une stéréo-paire d'images. Donc la disparité stéréo joue le rôle d'un indice de profondeur important dans les systèmes biologiques visuels et peut être facilement adopté par les systèmes de vision industrielle.

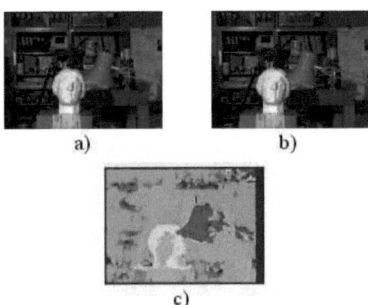

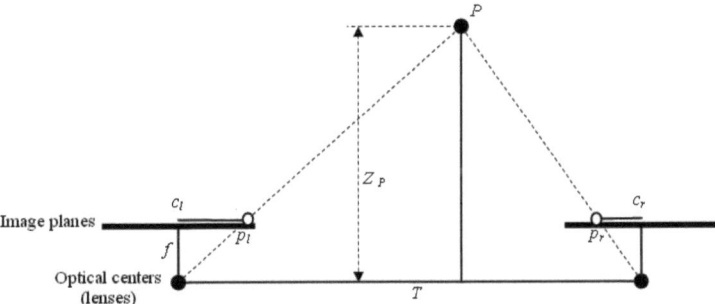

Figure 5.3. Une paire stéréo (a,b) et la carte de profondeur (c).

La stéréovision nécessite l'utilisation de deux caméras pour extraire la profondeur d'une scène. Pour un point donné de la scène, la profondeur est liée au décalage entre les projections de ce point sur les deux images, ou disparité, comme le montre la figure 5.4 pour un modèle canonique. Nous supposons un système stéréo calibré avec la base T, c'est-à-dire la distance entre les centres optiques des caméras. L'axe Z du système de coordonnées est aligné avec l'axe optique caméra, et les axes X et Y sont alignés avec les axes x et y d'image. La focale f des caméras et la base T sont supposées connues (les caméras sont calibrées).

Figure 5.4. La disparité d'un point de l'image de référence correspond au décalage de ce point dans la seconde image. Elle est inversement proportionnelle à la profondeur Z_P. Dans la figure, le plan image est placé devant le centre optique (image virtuelle) pour alléger la représentation sans perte de généralité (le plan image réel est derrière le centre optique).

Formellement, la disparité (d) d'un point 3D P est la différence entre ses projections p_l (image de gauche) et p_r (image de droite) à l'égard de leurs centres respectifs dans l'image (c_l et c_r), et est définie comme le décalage entre les positions horizontales des points p_l et p_r, qui peut être exprimé comme suit :

$$d_P = p_l - p_r \qquad (5.3)$$

En utilisant la notion de triangles semblables et la figure 5.4, on peut obtenir la relation suivante entre la disparité et la profondeur Z_P du point P :

$$Z_P = fT/d_P \qquad (5.4)$$

La fonction de disparité peut être exprimée comme une fonction inverse de la profondeur d'un point 3D. Par conséquent, la plupart des algorithmes stéréo se consacre au calcul de cette fonction de disparité sur l'image entière. La carte qui associe à chaque pixel sa valeur de disparité est appelée carte de disparité. Notons que dans cette configuration canonique, la recherche pour l'appariement des points dans les images gauche et droite se fait sur la même ligne horizontale ce qui simplifie le calcul de la carte de disparité. Cela est possible parce que les lignes épipolaires (le long de laquelle la recherche d'un appariement doit être exercé) sont parallèles (et horizontales) dans les deux images gauche et droite (figure 5.5). De cette manière, nous pouvons détecter précisément la position d'un appariement et accélérer considérablement le calcul de la profondeur. Cependant, cette configuration idéale ou standard (canonique) est difficile à obtenir dans la pratique. En fait, cela exige un parfait alignement des plans images des caméras. Cependant, elle peut être imitée par l'application d'une transformation appropriée aux deux images : la rectification.

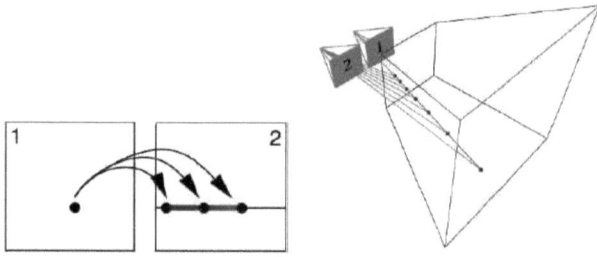

Figure 5.5. La recherche d'un appariement pour un modèle canonique.

5.3.2 Algorithmes de calcul de la disparité

La génération d'une carte de disparité se divise en deux étapes : le calcul de scores d'appariement et le choix de la paire de pixels donnant la bonne disparité. Le calcul des scores d'appariement s'effectue pour chaque paire de pixels analysée en prenant en compte leur voisinage. Ces scores sont représentatifs du degré de similarité entre les deux pixels analysés. Lors de la seconde étape, les scores d'appariement sont utilisés pour extraire la meilleure disparité pour chaque pixel de l'image de référence. Cette mise en correspondance peut s'effectuer selon des méthodes locales, semi-globales (sur les lignes épipolaires par exemple) ou globales (sur toute l'image). Les méthodes locales sont les plus communément utilisées pour des applications embarquées. La plus simple consiste à choisir la disparité donnant le meilleur score.

La qualité des cartes générées peut être jugée selon deux critères principaux : le taux d'erreur et la densité. La densité représente le taux de pixels dont la disparité est estimée valide. Le taux d'erreur représente le ratio de pixels de disparité erronée parmi les pixels de disparité estimée valide. Un compromis est à faire entre ces deux critères, le cas idéal étant une carte de disparité avec une forte densité et un taux d'erreur très faible. La valeur de ces deux critères dépend de l'application et de l'utilisation de la carte de disparité en aval de la chaîne de traitement. Ainsi, certaines applications nécessitent une carte de densité la plus dense possible, quitte à ce que le taux d'erreur soit plus élevé [Chumerin et Hulle, 2008]. La robustesse aux conditions applicatives est un autre critère de qualité. La variation des paramètres d'illumination entre les deux caméras de la paire stéréoscopique est un exemple de source d'erreur dans le calcul de disparité.

5.3.2.1 Caractéristiques pour la correspondance

L'étude du problème de correspondance (correspondance stéréo), a connu une évolution plus ou moins continue. D'abord un ensemble de contraintes et de règles ont été proposées pour limiter le nombre de correspondance possibles (par ex. contrainte épipolaire, contrainte d'ordre,...). Puisqu'une correspondance de bonne qualité se produit relativement rarement pour une paire stéréo, de nombreux algorithmes se sont concentrés sur la production d'une carte de disparité clairsemée, la production de carte dense de qualité étant plus difficile.

Une variété de caractéristiques a été utilisée pour l'appariement par un certain nombre d'auteurs, y compris :

- *Stéréo pixel par pixel* : Ces algorithmes utilisent les valeurs d'intensité des pixels individuels pour estimer les disparités [Birchfield et Tomasi, 1999].
- *Fenêtre fixe en 2D* : Cet algorithme utilise le résultat d'un calcul sur les éléments d'un voisinage de taille fixe (par ex. corrélation entre fenêtres). Cette approche a été rendue plus robuste par des méthodes, qui travaillent sur un classement d'intensité des fenêtres et utilisent des métriques spéciales pour comparer les candidats de correspondance [Bhat et Nayar, 1996]. Une autre approche qui utilise plus d'une fenêtre fixe pour chaque position est décrite dans [Geiger et al., 1995]. D'autres caractéristiques basées sur les fenêtres peuvent être nécessaires, comme des filtres [Jones et Malik, 1992], ou détecteurs de contours [Baker, 1980].

– *Fenêtre 2D Variable* : Certaines approches augmentent de façon adaptative la taille d'une fenêtre initiale, en fonction d'un seuil sur une mesure de la variance [Arnold, 1983, Kanade et Okutomi, 1991] et sont plus robustes dans les grandes zones homogènes de couples stéréoscopiques. Une méthode avancée de fenêtre variable a été proposée dans [Maas et al., 1999] qui trouve la transformation affine qui déforme la fenêtre dans l'une des images de telle sorte qu'une mesure de corrélation soit optimisée.

– *Vecteur de caractéristiques arbitraires* : Un vecteur de caractéristiques pour chaque position est construit avec les résultats de calculs tels que la sortie d'une banque des filtres Gabor (amplitude et phase) selon diverses orientations, fréquences et échelles [Gutiérrez et Marroquín, 2004].

Tous les choix ci-dessus peuvent utiliser l'information de couleur pour l'appariement ce qui augmentera la fiabilité de façon significative.

5.3.2.2 Méthodes de mise en correspondance

Pour la création d'une carte de disparité dense, la méthodologie de mise en correspondance peut être très différente d'une approche à l'autre :

– *La programmation dynamique* qui minimise une sorte de fonction de coût est un choix populaire car elle permet l'expression naturelle de certaines contraintes telles que les occultations, la monotonie [Geiger et al., 1995], l'ordre, et l'exclusion des occultations doubles [Birchfield et Tomasi, 1999].

– *Les algorithmes de graphe* transforment le problème d'appariement en un problème dans un graphe [Boykov et al., 1998]. Posé comme un problème de flux maximum, la solution est donnée par la coupe minimale qui correspond à la disparité [Roy, 1999].

– *L'approche bayésienne* permet une formulation probabiliste du problème d'appariement, impliquant un modèle d'imagerie qui tient compte des informations a priori nécessaires pour ajouter des contraintes à des solutions possibles. Le théorème de Bayes combine ces informations donnant une probabilité a posteriori à maximiser (maximum a posteriori (MAP)).

– *Méthodes basées sur la phase* : les images sont convoluées avec des filtres en quadrature (par ex. filtres de Gabor) et la disparité est calculée à partir de la mesure de différence de phase [Figueroa, 1993]. Cette approche peut être combinée avec des indices de mouvement pour améliorer les performances.

– *Les algorithmes coopératifs* opèrent sur de nombreux éléments en "entrée" et obtiennent l'organisation globale grâce à des contraintes d'interaction locale [Zitnick et Kanade, 2000].

– *Les procédures multi-images* utilisent plus de deux images pour renforcer la certitude des correspondances (matches) [Collins, 1996, Szeliski et Golland, 1999].

– *Les approches multi-résolution* estime la disparité sur une hiérarchie d'échelles, traitant

d'abord de grandes échelles et utilisant ces estimations pour initialiser les procédures de correspondance à plus petite échelle [Hoff et Ahuja, 1989].
– *Les réseaux neuronaux* ont été utilisés pour déduire les cartes de disparité denses ou éparses, sans calculs itératifs par une méthode spéciale d'apprentissage [Cruz et al., 1995].

5.3.2.3 Calcul des scores d'appariement

Le calcul du score d'appariement d'une paire de pixels s'effectue selon plusieurs métriques de base qui fournissent des résultats différents selon la nature des paires d'images traitées. Elles sont de deux types : mesure de similarité (le score est d'autant plus grand que les fenêtres sont similaires) et de dissimilarité. Ces scores peuvent être calculés sur des fenêtres de voisinage de taille et de forme différentes. Ces paramètres influent à la fois sur la quantité de ressources informatiques nécessaires et sur la qualité du résultat. Le tableau 1 présente les principales métriques utilisées pour le calcul des scores d'appariement, et précise leur type et leur robustesse à la variation des paramètres d'illumination des deux caméras.

TABLE 5.1. Caractéristiques des métriques pour le calcul du coût $C(x, y, d)$ entre le pixel de référence (x, y) et le pixel $(x, y - d)$. Les mesures sont soit de similarité (S), soit de dissimilarité (D). La colonne G/B indique si la mesure est insensible aux différences de gain (G) et/ou de biais (B).

Mesure	C(x,y,d)	Type	G/B
SAD	$\sum_{(u,v)\in N(x,y)} \lvert I_1(u,v) - I_2(u+d,v) \rvert$	D	-
SSD	$\sum_{(u,v)\in N(x,y)} (I_1(u,v) - I_2(u+d,v))^2$	S	G
NCC	$\dfrac{\sum_{(u,v)\in N(x,y)}(I_1(u,v).I_2(u+d,v))}{\sqrt{\sum_{(u,v)\in N(x,y)}(I_1(u,v)^2)}.\sqrt{\sum_{(u,v)\in N(x,y)}(I_2(u+d,v)^2)}}$	D	B
ZSAD	$\sum_{(u,v)\in N(x,y)} \lvert (I_1(u,v) - \bar{I_1}) - (I_2(u+d,v) - \bar{I_2}) \rvert$	D	B
ZNCC	$\dfrac{\sum_{(u,v)\in N(x,y)}((I_1(u,v)-\bar{I_1}).(I_2(u+d,v)-\bar{I_2}))}{\sqrt{\sum_{(u,v)\in N(x,y)}((I_1(u,v)-\bar{I_1})^2)}.\sqrt{\sum_{(u,v)\in N(x,y)}((I_2(u+d,v)-\bar{I_2})^2)}}$	D	GB
Census	$\sum_{(u,v)\in N(x,y)}((I_1(u,v) > Ic_1)XOR(I_2(u+d,v) > Ic_2))$	D	GB

5.3.2.3.1 Métriques pour le calcul de scores

Les métriques les plus communément utilisées se basent sur l'intensité des pixels. La somme des écarts absolus, notée SAD (Sum of Absolute Differences) est la plus simple et de ce fait l'une des plus utilisées [van der Mark et Gavrila, 2006]. La somme des écarts au carré, notée SSD (Sum of Squared Differences), utilise un carré à la place de la valeur absolue ce qui a pour effet d'accroître les écarts mais aussi d'augmenter la dynamique des scores et la complexité des calculs. Ces deux métriques sont des métriques de dissimilarité et sont sensibles aux différences de gain et de biais entre les deux images. La mesure de corrélation croisée normalisée [Di Stefano et Mattoccia, 2003], notée NCC (Normalized Cross-Correlation), a pour avantage d'être insensible aux différences de gain. C'est une mesure de similarité. Elle implique cependant une complexité matérielle importante du fait de l'utilisation de la multiplication, de la racine carrée et de la division, et reste sensible aux différences de biais. Cette sensibilité peut être éliminée en utilisant des métriques centrées sur la moyenne des voisinages. Ainsi les mesures ZSAD (Z pour Zero-mean) et ZSSD sont insensibles aux différences de biais et la mesure ZNCC est insensible aux différences de gain et de biais. Le calcul de la moyenne sur le voisinage implique cependant un surcoût calculatoire non négligeable. Ainsi pour une ZSAD, environ 35% d'opérations supplémentaires sont nécessaires par rapport à la SAD.

Les métriques non-paramétriques ont pour particularité de ne pas se baser sur l'intensité des pixels pour évaluer le degré de similarité. De ce fait, elles sont insensibles aux différences de gain et de biais. La mesure basée sur le recensement [Zabih et Woodfill, 1994] (Census) s'effectue en deux étapes. La première consiste à créer un vecteur de recensement dont les composantes sont le résultat de la comparaison entre chaque pixel du voisinage et le pixel central. La seconde étape consiste à générer le score d'appariement en calculant la distance de Hamming entre les vecteurs recensements de chaque fenêtre de voisinage.

Aucune des métriques précédemment présentées ne se détache du lot comme étant meilleure que les autres pour le calcul de la carte de disparité. Par exemple, d'un point de vue calculatoire, certaines métriques se révèlent rédhibitoires si l'on veut faire du calcul embarqué et temps-réel.

5.3.2.3.2 Taille et forme des fenêtres

Le voisinage pris en compte dans le calcul des scores d'appariement est généralement rectangulaire et de taille fixe. La taille de voisinage influe sur la quantité de données à traiter et donc sur les ressources matérielles nécessaires au calcul de score et la dynamique sur laquelle il est codé. Une fenêtre de grande taille (15x15 par exemple) convient pour traiter des zones peu texturées. Cependant, comme une grande zone est couverte, la précision sur les contours est faible. Une fenêtre de petite taille (3x3 par exemple) donne de meilleurs résultats au niveau des contours mais est sensible au bruit.

Afin de pallier ce problème, une pondération peut être appliquée aux pixels du voisinage en fonction de leur intensité et de leur distance au centre de la fenêtre [Yoon et Kweon, 2006]. Ainsi, dans un grand voisinage, les pixels proches du pixel central au niveau de la distance et de l'intensité ont un poids plus important car ils ont de fortes chances d'appartenir au même objet. Cette technique est très calculatoire car il faut notamment recalculer les poids liés à l'intensité pour chaque fenêtre de voisinage. Cependant, le principe de poids géométrique peut être conservé en utilisant, par exemple, des poids en puissance de 2 permettant d'utiliser un décalage plutôt qu'une multiplication ou une division. L'utilisation de fenêtres multiples pour le calcul d'un score d'appariement a été envisagée pour pallier le problème de taille des voisinages. Une méthode adaptée au calcul temps-réel combinant cinq fenêtres a été proposée dans [Hirschmüller et al., 2002]. Pour chaque paire de pixels, on utilise quatre fenêtres supplémentaires dont les centres sont les extrémités de la fenêtre centrale. Les deux meilleurs scores sont extraits et ajoutés au score de la fenêtre centrale. On obtient ainsi une fenêtre résultante dont la forme s'adapte localement à la scène.

Lorsque la métrique utilisée est non-paramétrique (Census par exemple), l'augmentation de taille de la fenêtre de voisinage n'entraîne pas la déformation des contours des objets. Dans ce cas, les voisinages de grandes tailles sont à privilégier, bien que la dynamique du score dépende du nombre de pixels dans le voisinage, nombre qui augmente rapidement.

5.4 Modèle de calibration pour le traitement de l'occultation

5.4.1 Problème d'occultation

Le système décrit au chapitre 4 est en mesure de réaliser la détection correcte de la prise de médicaments jusqu'à 98% [Huynh et al., 2009]. Cependant, dans certains cas, il peut échouer, car une seule caméra ne peut pas distinguer si deux objets sont en contact ou si l'un est simplement en face de l'autre : dans les deux cas ils sont occultés du point de vue de la caméra (figure 5.6). De plus, dans les travaux précédents, ce problème est encore à résoudre.

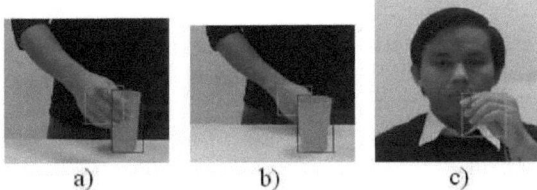

Figure 5.6. Des situations détectées comme occultation avec une caméra : a) main devant un flacon, b) main derrière un flacon, c) main devant la bouche.

Pour cette raison, nous avons testé deux méthodes différentes pour l'amélioration du traitement d'occultation, avec la caméra stéréo Fujifilm FinePix REAL 3D W1. La première méthode que nous avons testée est la méthode de calibration standard, qui permet de reconstruire en 3D. Grâce à la reconstruction 3D, nous pouvons estimer la distance entre les objets et décider la possibilité d'occultation entre ces objets. L'autre méthode est la vision canonique, qui est utilisée pour estimer la profondeur des objets à partir de la disparité. Les avantages et les inconvénients de ces méthodes sont discutés dans les section suivantes. La section suivante présente une introduction brève sur la caméra Caméra Fujifilm FinePix REAL 3D W1, qui est utilisée pour nos deux solutions.

5.4.2 Caméra Fujifilm FinePix REAL 3D W1

Pour notre première expérience, nous utilisons la caméra Fujifilm-FinePix-Real-3D-W1 [2], qui comprend deux caméras CCD (1/2.3 pouces) synchronisées, séparées par une distance de 77 mm (T) et placées dans une configuration canonique (voir figure 5.7). La focale est de 6,3 mm (pour un angle large) et la distance de mise au point varie de 600 mm à l'infini. La caméra offre la possibilité d'enregistrer des vidéos nécessaires pour notre étude. Dans nos expériences les vidéos ont été enregistrées à une taille d'image de 640x480 pixels, à la fréquence de 20 images/sec.

Figure 5.7. La caméra stéréo Fujifilm FinePix REAL 3D W1.

5.4.3 Calibration standard simplifiée pour l'amélioration du traitement d'occultation

Dans cette section, nous présentons l'application de la méthode de calibration standard, avec caméra de modèle sténopé pour le traitement d'occultation entre les objets dans le contexte de prise de médicaments. Le modèle sténopé correspond à un dispositif élémentaire de caméra dont l'optique n'est qu'un minuscule trou qui laisse entrer la lumière. Ce modèle très populaire suppose que les distortions radiales sont négligeables (voir section 5.2). Le détail ce cette méthode est présenté dans [Cyganek et Siebert, 2009], chapitre 3.

---

2. Fujifilm products : http ://www.fujifilm.com/products/3d/camera/finepix_real3dw1/

En combinant les équations (5.1) et (5.2) (sans la distortion radiale) on peut obtenir la relation suivante :

$$
h. \begin{bmatrix} x \\ y \\ 1 \end{bmatrix} = \begin{bmatrix} m_{11} & m_{12} & m_{13} & m_{14} \\ m_{21} & m_{22} & m_{23} & m_{24} \\ m_{31} & m_{32} & m_{33} & m_{34} \end{bmatrix} \begin{bmatrix} X \\ Y \\ Z \\ 1 \end{bmatrix} \tag{5.5}
$$

et les coordonnées du point p dans le plan d'image (en pixels) sont :

$$
x_p = \frac{x}{h} = \frac{m_{11}X + m_{12}Y + m_{13}Z + m_{14}}{m_{31}X + m_{32}Y + m_{33}Z + m_{34}}, y_p = \frac{y}{h} = \frac{m_{21}X + m_{22}Y + m_{23}Z + m_{24}}{m_{31}X + m_{32}Y + m_{33}Z + m_{34}} \tag{5.6}
$$

Parce que la matrice M est donnée à un certain facteur d'échelle, dans le cas général, il y a 11 paramètres libres à déterminer ($m_{34} = 1$) et ils sont reliés par la formule (5.6). Prenant au moins six points, dont les coordonnées 3D sont déjà connues dans l'environnement externe ainsi que les coordonnées du système de caméras, nous sommes en mesure de résoudre (5.6) en ce qui concerne les m_{ij} inconnues.

L'équation (5.6) est représentée sous forme matricielle $\mathbf{A\hat{m}} = \mathbf{b}$ comme :

$$
\begin{bmatrix} X_1 & Y_1 & Z_1 & 1 & 0 & 0 & 0 & 0 & -x_{p1}X_1 & -x_{p1}Y_1 & -x_{p1}Z_1 \\ 0 & 0 & 0 & 0 & X_1 & Y_1 & Z_1 & 1 & -y_{p1}X_1 & -y_{p1}Y_1 & -y_{p1}Z_1 \\ . & . & . & . & . & . & . & . & . & . & . \\ 0 & 0 & 0 & 0 & X_N & Y_N & Z_N & 1 & -y_{pN}X_N & -y_{pN}Y_N & -y_{pN}Z_N \end{bmatrix} \begin{bmatrix} m_{11} \\ m_{12} \\ . \\ m_{33} \end{bmatrix} = \begin{bmatrix} x_{p1} \\ y_{p1} \\ . \\ y_{pN} \end{bmatrix} \tag{5.7}
$$

Pour calculer les paramètres de la matrice $\hat{m}$, nous avons besoin au moins de six points et ces parametres sont calculés par moindres carrés :

$$
\mathbf{\hat{m}} = (\mathbf{A^T A})^{-1} \mathbf{A^T b} \tag{5.8}
$$

Pour obtenir une solution plus robuste, nous avons pris 18 points pour chaque caméra (caméra à gauche et caméra à droite) de la caméra stéréo. La tige de plexiglas est utilisée comme un outil de calibration (voir la figure 5.8), avec 18 points de repère. La tige elle-même comporte 3 repères (le centre de sa base et 2 points rouge sur la tige) qui sont multipliés par 6 positions différentes lorsqu'on déplace la tige sur la table (points rouges) pour un total de 18 points 3D.

En faisant la calibration pour la caméra à gauche et la caméra à droite séparément, nous avons les parametres $\mathbf{\hat{m}_g}$ et $bf\hat{m}_d$ pour chacune de ces deux caméras respectivement :

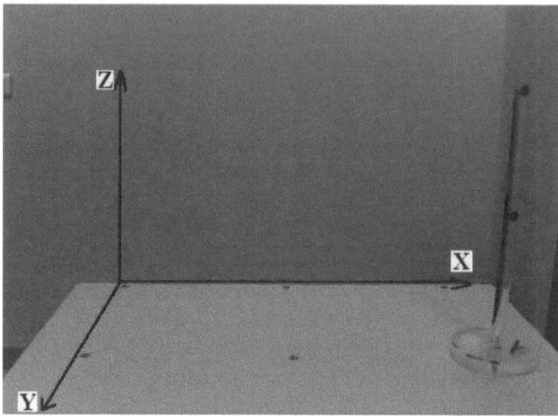

Figure 5.8. La tige de plexiglas utilisée pour la calibration avec les points de repère.

$$\hat{m}_g = \begin{bmatrix} 0.6364277 & -0.2323675 & -0.0340195 & 138.19212 \\ 0.010374 & -0.041494 & -0.6483609 & 323.48572 \\ 0.0000336 & -0.000777 & -0.000134 & 1 \end{bmatrix}$$

et

$$\hat{m}_d = \begin{bmatrix} 0.6157638 & -0.2501309 & -0.0476712 & 121.25168 \\ -0.0028145 & -0.039466 & -0.6427914 & 321.91294 \\ 0.0000094 & -0.0007693 & -0.0001393 & 1 \end{bmatrix}$$

À partir de l'équation (5.6), on peut faire une reconstruction 3D d'un point à partir de ses projections (x_p^g, y_p^g) et (x_p^d, y_p^d) dans les deux images de la caméra stéréo comme suit :

$$x_p^g = \frac{x^g}{h} = \frac{m_{11}^g X + m_{12}^g Y + m_{13}^g Z + m_{14}^g}{m_{31}^g X + m_{32}^g Y + m_{33}^g Z + m_{34}^g}, y_p^g = \frac{y^g}{h} = \frac{m_{21}^g X + m_{22}^g Y + m_{23}^g Z + m_{24}^g}{m_{31}^g X + m_{32}^g Y + m_{33}^g Z + m_{34}^g}$$

et

$$x_p^d = \frac{x^d}{h} = \frac{m_{11}^d X + m_{12}^d Y + m_{13}^d Z + m_{14}^d}{m_{31}^d X + m_{32}^d Y + m_{33}^d Z + m_{34}^d}, y_p^d = \frac{y^d}{h} = \frac{m_{21}^d X + m_{22}^d Y + m_{23}^d Z + m_{24}^d}{m_{31}^d X + m_{32}^d Y + m_{33}^d Z + m_{34}^d}$$

qu'on peut écrire sous forme linéaire $\mathbf{A'\hat{X}} = \mathbf{b'}$ comme :

$$\begin{bmatrix} m_{31}^g x_p^g - m_{11}^g & m_{32}^g x_p^g - m_{12}^g & m_{33}^g x_p^g - m_{13}^g \\ m_{31}^g y_p^g - m_{21}^g & m_{32}^g y_p^g - m_{22}^g & m_{33}^g x_p^g - m_{23}^g \\ m_{31}^d x_p^d - m_{11}^d & m_{32}^d x_p^d - m_{12}^d & m_{33}^d x_p^d - m_{13}^d \\ m_{31}^d y_p^d - m_{21}^d & m_{32}^d y_p^d - m_{22}^d & m_{33}^d x_p^d - m_{23}^d \end{bmatrix} \begin{bmatrix} X \\ Y \\ Z \end{bmatrix} = \begin{bmatrix} m_{14}^g - m_{34}^g x_p^g \\ m_{24}^g - m_{34}^g y_p^g \\ m_{14}^d - m_{34}^d x_p^d \\ m_{24}^d - m_{34}^d y_p^d \end{bmatrix} \tag{5.9}$$

Avec $\hat{\mathbf{m}}_{\mathbf{g}}$ et $\hat{\mathbf{m}}_{\mathbf{d}}$ connus, en utilisant l'équation (5.9) nous pouvons évidement reconstruire la position 3D d'objets par l'équation suivante (moindres carrés) :

$$\hat{\mathbf{X}} = (\mathbf{A'^T A'})^{-1} \mathbf{A'^T b'} \tag{5.10}$$

Par la reconstruction 3D, nous pouvons estimer la distance 3D entre la main et le flacon, la main et la bouche pour décider la possibilité de contact entre ces objets.

$$\Delta(X,Y,Z)_{main-bouche} = \|(X,Y,Z)_{main} - (X,Y,Z)_{bouche}\|$$

ou

$$\Delta(X,Y,Z)_{main-flacon} = \|(X,Y,Z)_{main} - (X,Y,Z)_{flacon}\|$$

L'inconvénient de cette approche pour le traitement d'occultation est que nous devrions re-calibrer la caméra chaque fois qu'il y a un changement, comme : changer la position de caméra, changer le contexte de prise de médicaments.

À cause de cet inconvénient, nous avons testé avec une autre approche, qui utilise la disparité pour estimer la profondeur des objets pour décider si ces objets sont en contact ou pas. La section suivante présente le détail de cette approche.

5.4.4 Amélioration du traitement d'occultation avec la vision stéréo

Ci-dessous, nous présentons la relation entre la disparité et la profondeur d'un point P, pour la caméra stéréo canonique utilisée pour notre recherche (voir section 5.3.1). Dans la pratique, la disparité est mesurée en pixels (c-à-d non en unités métriques) et pas nécessairement à partir des centres de l'image (qui ne sont pas toujours connus avec précision). De plus, la distance focale de la caméra est parfois inconnue et il existe souvent un biais (offset) dans les mesures de disparité. En partant de l'équation 5.4 et en tenant compte des remarques précédentes on arrive à l'équation qui suit :

$$Z_P = \frac{fT}{d_P} = \frac{fT}{(d_P^{pxl} + d_0)w} = \frac{K}{d_P^{pxl} + d_0} \tag{5.11}$$

où d_P^{pxl} est la disparité exprimée en pixels et d_0 est une constante qui comprend les coordonnées de centre d'image et/ou toute autre compensation (biais ou offset). w est la largeur d'un pixel et la constante $K = fT/w$ intégre plusieurs paramètres ; elles sont toutes deux exprimées en unités métriques.

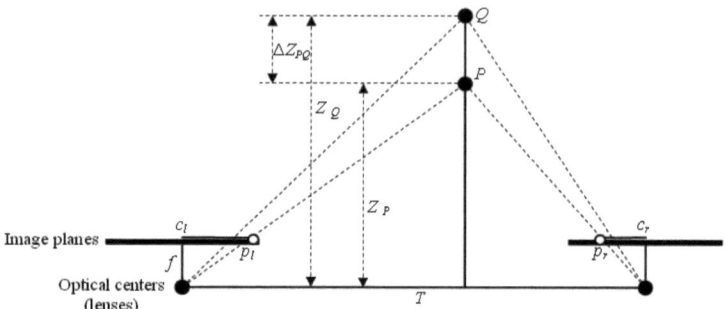

Figure 5.9. Système standard (canonique) de deux caméras avec la focale f et la distance de base T. La différence entre les coordonnées horizontales de P_l et P_r est appelée disparité et permet de calculer la distance Z_P du point 3D P de l'appareil photo.

Dans le cas de deux points P et Q (figure 5.9) représentant deux objets partiellement occultés du point de vue de la caméra, l'utilisation de l'équation 5.11 permet d'obtenir la profondeur de ces points qui est estimée d'après leur disparité. Par conséquent, nous pouvons calculer la distance entre ces deux points et déterminer si deux objets en occultation se touchent réellement ou l'un est tout simplement devant l'autre.

La détection d'un état de contact pour les objets en occultation est important pour la reconnaissance de l'activité de prise de médicaments. Par exemple, cela est nécessaire pour confirmer que la main prend/ouvre/ferme/ un flacon ou que la main touche la bouche pour prendre une pilule. Dans les sections suivantes un système de caméras stéréo est testé pour cette raison.

5.4.4.1 Appariement de gabarit pour le calcul de disparité

Afin d'estimer la disparité des objets d'une paire stéréo d'images, nous détectons d'abord l'objet d'intérêt (la main, le flacon, le visage ou la bouche) dans l'image gauche. Cet objet est ensuite utilisé comme un gabarit pour trouver une correspondance dans l'image droite. Le bon appariement est celui qui donne la corrélation normalisée (voir tableau 1) maximale (après conversion en niveaux de gris). Pour réduire les temps de calcul, la recherche pour l'appariement dans l'image droite se fait sur la même ligne horizontale que celui correspondant au centre d'objet d'intérêt dans l'image gauche. Cela est possible parce que nous utilisons une configuration canonique et que les lignes épipolaires (le long de laquelle la recherche d'un appariement doit être exercée) sont parallèles (et horizontales) dans les deux images gauche et droite. De cette manière, nous pouvons détecter précisément la position d'un appariement dans l'image droite et accélérer considérablement l'opération.

5.4.4.2 Modèle à deux points de calibration

Pour utiliser l'équation (5.11), nous devrions estimer les différents paramètres de la caméra. Bien que le fabricant donne la focale f et la base T, ces données sont généralement des approximations. Par ailleurs, d'autres paramètres (par exemple, c_l, c_r, w_{pxl}) ne sont pas fournis spécialement. C'est pourquoi nous avons décidé de calibrer la caméra avec une procédure très simple qui nécessite seulement deux points 3D. Considérant que la distance de mise au point de la caméra varie de 600 mm à l'infini et que la région d'intérêt pour la prise de médicaments est essentiellement limitée à une table dans nos expériences (figure 5.10), nous avons mis en profondeur la région d'intérêt entre 600 mm et 2000 mm pour la calibration.

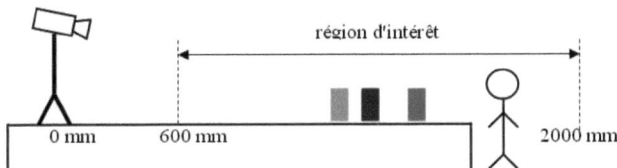

Figure 5.10. L'installation expérimentale pour la reconnaissance de prise de médicaments avec une caméra stéréo. La caméra stéréo vise une zone de médicaments (surface de table) contenant un certain nombre de flacons, une situation réaliste pour les personnes âgées.

Dans ce contexte, la calibration consiste à estimer K et d_0 dans l'équation (5.11). Pour cette raison, nous avons choisi deux points aux extrémités de la zone d'intérêt (pour la meilleure interpolation), qui est l'un de 600 mm et l'autre à 2000 mm de la lentille de caméra. Les disparités correspondantes étaient de 69 et 0 pixels respectivement. En mettant ces valeurs dans l'équation (5.11), nous avons un système de deux équations, facile à résoudre pour obtenir $K = 59140$ et $d_0 = 29,57$. Notez que la configuration canonique devrait donner un écart de zéro à l'infini, pas à 2000 mm, mais le fabricant stipule un point de convergence à 2 mètres [3] probablement en utilisant un décalage de la disparité. Avec l'équation (5.11), nous pouvons maintenant estimer la profondeur des objets en occultation, afin que nous

---

3. Fujifilm products, http ://www.fujifilm.com/products/3d/camera/finepix_real3dw1/

puissions décider s'ils sont en contact ou non.

5.4.4.3 Validation du modèle stéréo

Pour valider le modèle décrit par l'équation (5.11), nous avons calculé les disparités de treize points 3D à distance de 700 mm à 1900 mm, avec un pas de 100 mm. Dans la figure 5.11, les données mesurées des profondeurs/disparités (courbe en pointillé rouge) sont comparées à celles calculées par le modèle proposé (courbe en trait plein bleu) dans la zone d'intérêt (600 mm à 2000 mm). La figure 5.11 montre que la différence est très faible entre les deux courbes, ce qui confirme la validité de notre modèle.

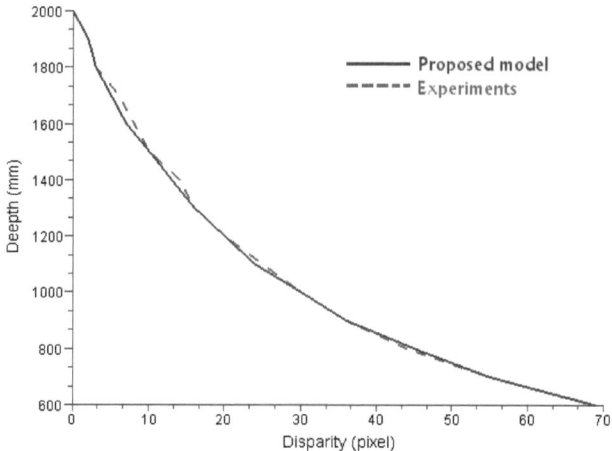

Figure 5.11. Comparaison de la relation profondeur/disparité pour le modèle proposé par l'équation (5.11) (courbe pleine bleu) et des mesures expérimentales (courbe en pointillé rouge).

5.4.4.4 Expériences avec occultations dans le contexte de prise de médicaments

Nous avons testé notre système de caméra stéréo pour deux principales difficultés et rencontrées dans la première partie de notre travail : (1) occultation entre la main et un flacon et (2) occultation entre la main et la bouche (figure 5.12). Ces situations correspondent aux activités élémentaires Ai : une main tient le flacon i, et D : une main approche la bouche. Ces activités doivent être identifiées avec soin afin de reconnaître la prise de médicaments. Quand un chevauchement entre les boîtes englobantes des régions d'intérêt (la main et un flacon, ou une main et la bouche) se produit, le système de caméra stéréo entre en action afin de déterminer s'il y a un vrai contact ou non en comparant les disparités ou les profondeurs.

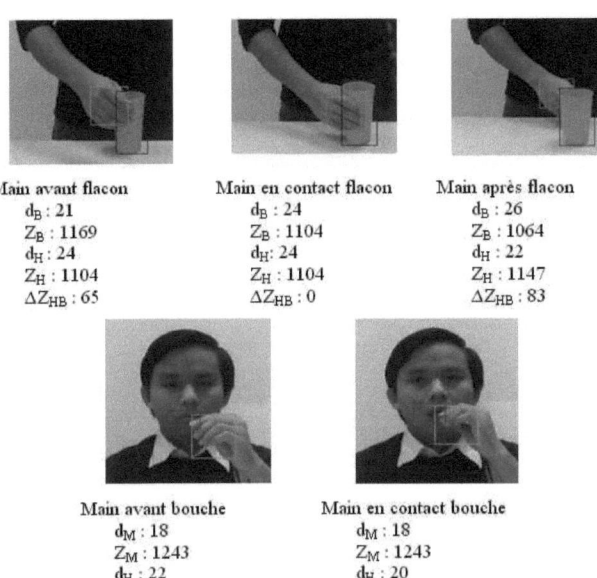

Figure 5.12. Expériences avec des objets en occultation : main (H), flacon (B) et bouche (M). d_X et Z_X sont respectivement la disparité (pixels) et la profondeur (mm) de l'objet X. ΔZ_{XY} est la distance entre les objets X et Y.

La figure 5.12 (haut) montre trois exemples de la première situation. Avec le système mono-caméra, ces trois cas seraient reconnus comme étant "prend le flacon". Cependant, un examen plus approfondi des disparités ou des profondeurs de notre système de caméra stéréo a révélé que seulement la deuxième situation est un vrai contact puisque les disparités et les profondeurs sont les mêmes. Ce n'était clairement pas le cas pour les premier et troisième exemples. Dans cette première expérience, la caméra stéréo permet d'identifier le vrai contact sans doute. La différence de profondeur ΔZ_{HB} est un bon indice dans ce but. La différence de disparité pourrait également être utilisée. Elle est plus simple à calculer (pas besoin de l'équation (5.11) et la calibration), mais elle est liée de façon non linéaire à la distance (figure 5.11), ce qui pourrait causer quelques difficultés à choisir un seuil unique (pour confirmer le contact) selon l'endroit où vous êtes à l'égard de la caméra.

La figure 5.12 (en bas) montre deux autres exemples en ce qui concerne la deuxième situation. Avec le système mono-caméra, ces deux cas seraient reconnus comme étant "prendre la pilule". Cependant, la distance ΔZ_{HM} entre la bouche et la main est beaucoup plus faible dans le second exemple indiquant un contact probable des doigts à la bouche correspondant à une véritable situation "prendre la pilule". La distance ΔZ_{HM} n'est pas nulle en raison principalement de la main qui n'est pas un point mais un volume 3D avec une épaisseur Z d'environ 100 mm. Par conséquent, l'appariement de gabarit utilisé pour calculer la disparité essaie d'accommoder toutes les parties de la main en même temps, non seulement le bout des doigts qui ont réellement touché la bouche. Un seuil approprié doit donc être choisi pour en tenir compte (figure 5.13).

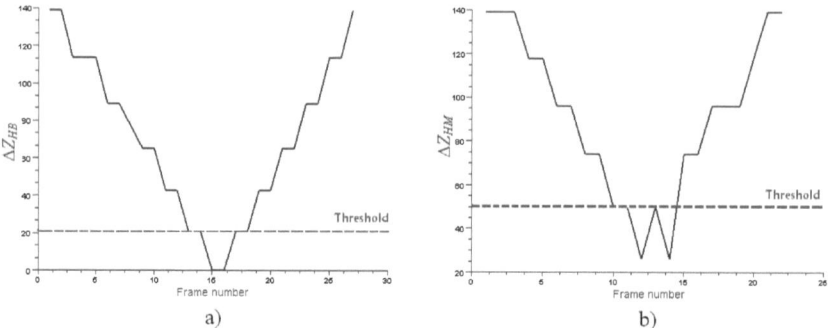

Figure 5.13. Seuillage de la distance main-bouteille (a) et main-bouche (b) pour détecter l'état de contact.

La précision du modèle proposé repose sur le calcul des disparités avec le modèle correspondant à la procédure. Les expériences ont montré que l'erreur d'appariement était généralement de moins de 2 pixels et variait avec les types d'objets (bouteilles, main, bouche) à être jumelés. Dans le cas favorable où les objets ne sont pas trop loin de la caméra, la distance (profondeur) minimale entre les objets qui peut être calculée avec précision est d'environ 20 mm (voir figure 5.11).

Notons qu'on pourrait penser à augmenter la précision sur DZ en utilisant une base T plus grande (eq. 5.4 et 5.11), cependant cela se ferait au détriment du recouvrement des images stéréo (par ex. à la limite pour un T très grand, les images gauche et droite n'auraient aucun point commun). L'utilisation de lentilles grand angle serait possible mais ferait apparaître une importante distortion radiale ce qui compliquerait la calibration proposée à la section 5.4.4.2.

5.4.4.5 Exemple complet de prise de médicaments : mono-caméra vs. caméra stéréo

Dans cette section nous présentons trois scénarios de prise de médicaments qui seront analysés avec une et deux caméras. Dans les deux premiers cas, il s'agit de leurres pour le système mono-caméra. En effet, la personne place ces deux mains derrière un des flacons (cette situation est détectée comme l'activité de deux mains qui touchent le flacon) à deux reprises au cours du temps (engendrant 2 fois la séquence A_iB_i) puis se gratte le nez (séquence CD) ce qui provoque la détection d'une prise de médicament (faux positif) pour le système mono-caméra mais pas pour la version caméra stéréo (voir figure 5.14(a, b)). Avec la caméra stéréo, nous pouvons détecter que les deux mains sont derrière le flacon, donc ne correspondant pas à l'activité de prise de médicaments.

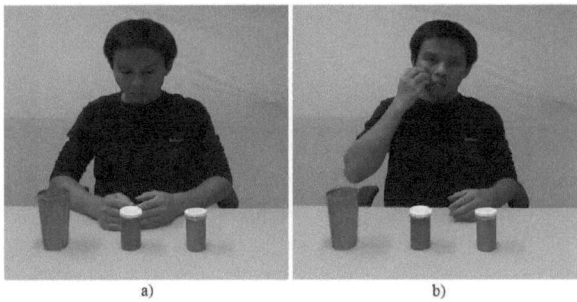

Figure 5.14. Exemple de leurres pour le système mono-caméra.

Dans le deuxième cas, la personne place deux mains derrière un des flacons, puis ouvre un flacon, prend un comprimé, avale le comprimé,... la prise de médicaments est normale et correctement détectée par les deux systèmes (figure 5.15), si on ne considère pas le temps normal des activités (Table 4.9). En prenant en compte ce temps, le système mono-caméra détecte une anomalie : le temps d'ouverture d'un flacon est trop long (les mains derrière le flacon (figure 5.15(a)) fusionnent avec l'ouverture de flacon (figure 5.15(b))), ce qui implique une anomalie et la non détection de la prise de médicaments.

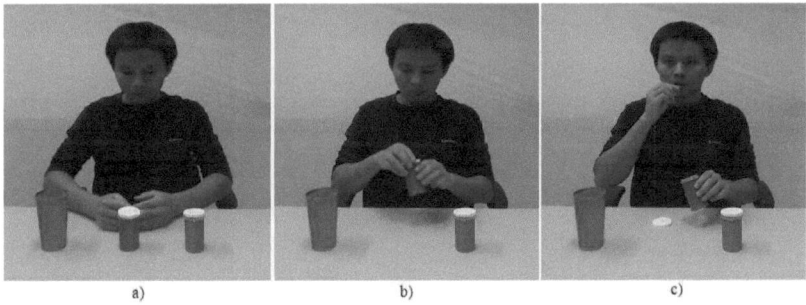

Figure 5.15. Exemple de prise de médicaments, correctement détectée par caméra stéréo mais détectée comme une anomalie par le système mono-caméra.

Si on considère les plages de temps normales pour chacune des activités (Table 4.9) proposées au chapitre précédent, on peut détecter la fausse détection du système mono-caméra pour le premier leurre (fausse positive, figure 5.15(a)) mais pas pour le système caméra stéréo. L'information de profondeur est donc un atout dans la détection correcte de la prise de médicament et peut être combinée avec l'information de plages de temps pour augmenter la robustesse.

5.5 Conclusion

Notre précédent système de vision par ordinateur pour surveiller la prise de médicaments a obtenu une reconnaissance correcte avec un taux de réussite de près de 98% [Huynh et al., 2009], mais a été incapable de distinguer si deux objets ont été effectivement en contact ou si l'un était en face de l'autre au cours de l'occultation (figure 5.12). Dans ce document, nous avons démontré la faisabilité d'un système stéréo pour confirmer le contact par le calcul de leurs positions relatives 3D. Il s'agit d'une amélioration importante par rapport au système mono-caméra qui devrait améliorer la fiabilité d'un tel système. En outre, le coût de calcul supplémentaire reste limité aux cas difficiles. En effet, ce travail supplémentaire avec deux images effectué que lorsqu'il y a une occultation a priori détectée entre les objets. L'analyse passe alors d'une image à deux images simultanées de la caméra stéréo.

De plus, bien que les caméras stéréos existantes soient coûteuses (par ex. Point Grey[4]), récemment des caméras stéréo à prix très raisonnable ont vu le jour sur le marché des webcams[5] ce qui permet de croire qu'un tel système sera réalisable à prix modique dans le futur proche.

---

4. http ://www.ptgrey.com/
5. http ://www.minoru3d.com/

CHAPITRE

CONCLUSIONS ET PERSPECTIVES

Dans ce chapitre, nous résumons tout d'abord nos contributions. Ensuite, nous analysons les limitations de l'approche proposée et discutons les résultats obtenus. Enfin, nos perspectives à court terme et à long terme sont présentées.

6.1 Résumé des contributions

Notre première contribution est la détection et le suivi des objets en temps réel. La détection des régions de peau et la segmentation des flacons se font dans l'espace couleur rgb, par seuillage. Le suivi des régions de peau se fait en utilisant la distance minimale de déplacement entre images successives.

La deuxième contribution est le traitement des occultations. La position de la région de main lors d'une occultation main-visage est déterminée par intersection d'histogrammes. La position des flacons occultés est déterminée par la distance minimale, par rapport aux autres objets visibles.

La troisième contribution est une approche hiérarchique simple pour la reconnaissance robuste de la prise de médicaments.

La quatrième contribution est une modèle de calibration, basé sur la disparité des objets, mesuré avec une caméra stéréo pour améliorer la reconnaissance des activités dans le contexte de prise de médicaments.

6.2 Limitations

Le système de vidéosurveillance de prise de médicaments possède cependant des limitations concernant les aspects techniques et les aspects de la vie privée.

Tout d'abord, l'installation d'un système ordinateur avec deux caméras est compliquée et coûte un peu cher par rapport à un pilulier mécanique. De plus, dans l'environnement réel, le changement d'intensité influence la détection, le suivi et la reconnaissance de la prise de médicaments. Cela pose un problème de recherche future pour avoir un système adapté au changement d'intensité de l'environnement.

Deuxièmement, le système capture des images des personnes, et peut inquiéter certaines personnes dans un premier temps. Pour remédier à ce problème, notre système ne sort pas les images, il enverra des messages texte ou sonores dans les cas suspects à une personne responsable avec l'accord de la personne âgée. Cela fait partie des développements futurs de notre système.

6.3 Discussions

Jusqu'à 50% de tous les médicaments prescrits aux personnes âgées, est utilisé de façon inappropriée et entre près de 30% des admissions à l'hôpital pour les patients de plus de 50 ans surviennent à la suite de problèmes liés aux médicaments. Par ailleurs, environ 125000 personnes atteintes de maladies traitables meurrent chaque année aux Etats-Unis parce qu'ils ne prennent pas leurs médicaments correctement [Nugent et al., 2005]. Plusieurs distributeurs de médicaments mécaniques et automatiques intégrant alarme et ouverture/fermeture automatique ont été développés pour réduire les erreurs de médication. Malgré leurs avantages, aucun de ces périphériques n'est parfait. Par exemple, ils ne vérifient pas si le patient a effectivement pris le médicament. En outre, la personne âgée est souvent gênée par l'alarme qui l'alerte régulièrement de prendre le médicament en fonction de l'heure fixée. Cette frustration cause parfois l'abandon de ce système.

Notre système de vision par ordinateur pour surveiller la prise de médicaments permet de résoudre ces problèmes, celui-ci étant passif, sauf en cas d'erreur de médication qui déclencherait une alarme. Nous avons également proposé une approche à trois niveaux hiérarchiques qui peut prendre en compte la durée d'action et le temps entre les actions ($\mu_{act\_sim} \pm 2\sigma_{act\_sim}$) et le fait que la prise de médicaments peut se faire de différentes façons. La solution proposée pour la détection de la région de la couleur de peau en utilisant les informations de couleur, suivi de la région de la peau en utilisant la distance de déplacement minimum, et la détection/suivi des bouteilles en utilisant les informations de couleur fonctionne très bien en temps réel.

Notez que dans cette configuration individuelle, les comprimés ne sont pas détectés en soi, puisque la résolution de la caméra ne le permet pas. La détection d'une séquence de gestes, y compris le déplacement de la main à la bouche confirme la prise de médicaments. Nous avons également supposé que la caméra vise une zone de surveillance des médicaments (par exemple de table) contenant un certain nombre de flacons de médicaments déjà en vue, une situation réaliste pour les personnes âgées. Enfin, nous prévoyons que la personne âgée collaborera (n'essaie pas de tromper) avec le système.

6.4 Perspectives

L'objectif de cette section est de présenter les possibilités d'étendre l'approche proposée. Nous classons les extensions en deux types : court terme et long terme.

6.4.1 Perspectives à court terme

Pour les perspectives à court terme, nous présentons 4 perspectives concernant les différentes étapes de vidéosurveillance de la prise de médicaments.

Premièrement, une soustraction du fond avec un mélange de Gaussiennes [Stauffer et Grimson, 1999], qui représente le fond avec/sans lumière peut être utilisée pour adapter au changement d'intensité d'environnement.

Deuxièmement, pour la segmentation des objets (les régions de couleur de peau, les flacons) une approche semi-automatique peut être adaptée pour mieux segmenter ces objets. C'est-à-dire, nous prenons des exemplaires dans les premières images et ensuite un processus est utilisé pour créer un modèle de couleur pour chaque objet.

Troisièmement, dans la phase de suivi, pour le traitement d'occultation main-visage, la segmentation de couleur combinée avec l'histogramme de gradients peut être utilisée pour déterminer la position de région de main dans la région fusionnée avec plus de précision.

Quatrièmement, la segmentation automatique de la couleur de peau est indispensable. Pour cela, les traits du visage sont utilisés comme une information inportante pour identifier le visage et ensuite une segmentation automatique peut être utilisée pour extraire la région de peau.

6.4.2 Perspectives à long terme

Dans les perspectives à long terme, nous proposons deux axes de recherche.

Premièrement, le modèle de Markov caché (HMM) peut être utilisé pour reconnaître les activités élémentaires. Après, pour les activités simples et les activités complexes, nous pouvons aussi appliquer le modèle de Markov caché, de façon hiérarchique ; ou nous appliquons la méthode des grammaires stochastiques à cette position.

Deuxièment, une approche multi-modale, combinant des capteurs sonores et des capteurs vidéo, avec le support des capteurs sans fil permettra de reconnaître précisément l'activité de prise de médicaments et les activités quotidiennes.

BIBLIOGRAPHIE

[Ahmad, 1995] S. Ahmad 1995. A Usable Real-Time 3D Hand Tracker. *Proc. of the 28th Asilomar Conference on Signals, Systems and Computers*, pages 1257–1261. IEEE Computer Society Press.

[Alaoui et al., 2004] M. T. Alaoui, R. Touahni et A. Sbihi 2004. Classification des Images Couleurs par Association des Transformations Morphologiques aux Cartes de Kohnen. *Proc. of the African Conference on Research in Computer Science (CARI '04)*, pages 83–90.

[Albanese et al., 2008] M. Albanese, R. Chellappa, V. Moscato, A. Picariello, V. Subrahmanian, P. Turaga et O. Udrea 2008. A Constrained Probabilistic Petri Net Framework for Human Activity Detection in Video. *IEEE Transactions on Multimedia*, vol. 10, n°6, pages 982–996.

[Albiol et al., 2001] A. Albiol, L. Torres, C. A. Bouman et E. J. Delp 2001. A Simple and Efficient Face Detection Algorithm for Video Database Applications. *Proc. of the International Conference on Image Processing (ICIP '01)*, vol. 1, pages 122–124.

[Ali et Aggarwal, 2001] A. Ali et J. K. Aggarwal 2001. Segmentation and Recognition of Continuous Human Activity. *IEEE Workshop on Detection and Recognition of Events in Video*, vol. 0, pages 28–35.

[Altunbasak et al., 2003] Y. Altunbasak, R. M. Mersereau et A. J. Patti 2003. A Fast Parametric Motion Estimation Algorithm With Illumination and Lens Distortion Correction. *IEEE Transactions on Image Processing*, vol. 12, n°4, pages 395–408.

[Ammouri et Bilodeau, 2008] S. Ammouri et G.-A. Bilodeau 2008. Face and Hands Detection and Tracking Applied to the Monitoring of Medication Intake. *Canadian Conference on Computer and Robot Vision*, vol. 1, pages 147–154.

[Arnold, 1983] R. D. Arnold 1983. Automated Stereo Perception. PhD thesis.

[Baker, 1980] H. H. Baker 1980. Edge Based Stereo Correlation. *Proc. ARPA Image Understanding Workshop*, pages 168–175.

[Barron et al., 1994] J. L. Barron, D. J. Fleet et S. S. Beauchemin 1994. Performance of Optical Flow Techniques. *International Journal of Computer Vision*, vol. 12, n°1, pages 43–77.

[Batz et al., 2005] D. Batz, M. Batz, N. da Vitoria Lobo et M. Shah 2005. A Computer Vision System for Monitoring Medication Intake. *The 2nd Canadian Conference on Computer and Robot Vision*, vol. 22, pages 362–369.

[Belkin et Niyogi, 2001] M. Belkin et P. Niyogi 2001. Laplacian Eigenmaps and Spectral Techniques for Embedding and Clustering. *Advances in Neural Information Processing Systems*, vol. 14, pages 585–591.

[Bhat et Nayar, 1996] D. N. Bhat et S. K. Nayar 1996. Ordinal Measures for Visual Correspondence. *Proc. of the Conference on Computer Vision and Pattern Recognition (CVPR'96)*, page 351.

[Birchfield, 1998] S. Birchfield 1998. Elliptical Head Tracking Using Intensity Gradients and Color Histograms. *Proc. of the IEEE Conference on Computer Vision and Pattern Recognition (CVPR '98)*, vol. 1, pages 232–237.

[Birchfield et Tomasi, 1999] S. Birchfield et C. Tomasi 1999. Depth Discontinuities by Pixel-to-Pixel Stereo. *International Journal Computer Vision*, vol. 35, n°3, pages 269–293.

[Bishop, 1996] C. M. Bishop 1996. NEURAL NETWORKS FOR PATTERN RECOGNITION. Oxford University Press, USA, 1 edition.

[Black et Jepson, 1998] M. J. Black et A. D. Jepson 1998. EigenTracking : Robust Matching and Tracking of Articulated Objects Using a View-Based Representation. *International Journal of Computer Vision*, vol. 26, n°1, pages 329–342.

[Bobick et Davis, 2001] A. F. Bobick et J. W. Davis 2001. The Recognition of Human Movement Using Temporal Templates. *IEEE Transactions on Pattern Analysis and Machine Intelligence*, vol. 23, pages 257–267.

[Boiman et Irani, 2007] O. Boiman et M. Irani 2007. Detecting Irregularities in Images and in Video. *International Journal of Computer Vision*, vol. 74, n°1, pages 17–31.

[Boykov et al., 1998] Y. Boykov, O. Veksler et R. Zabih 1998. Markov Random Fields with Efficient Approximations. *Proc. of the IEEE Computer Society Conference on Computer Vision and Pattern Recognition (CVPR'98)*, page 648.

[Brand et Mason, 2000] J. Brand et J. S. Mason 2000. A Comparative Assessment of Three Approaches to Pixel-Level Human Skin-Detection. *International Conference on Pattern Recognition*.

[Brand, 1996] M. Brand 1996. Understanding Manipulation in Video. *2nd International Conference on Automatic Face and Gesture Recognition (FG '96)*, pages 94–99.

[Brand et al., 1997] M. Brand, N. Oliver et A. Pentland 1997. Coupled Hidden Markov Models for Complex Action Recognition. *Proc. of the IEEE Conference on Computer Vision and Pattern Recognition (CVPR '97)*, pages 994–999.

[Bérard, 1999] F. Bérard 1999. Vision par Ordinateur pour l'Interaction Homme-Machine Fortement Couplée. PhD thesis.

[Bregler, 1997] C. Bregler 1997. Learning and Recognizing Human Dynamics in Video Sequences. *IEEE Computer Society Conference on Computer Vision and Pattern Recognition*, vol. 0, pages 568.

[Brown et al., 2001] D. A. Brown, I. Craw et J. Lewthwaite 2001. A SOM Based Approach to Skin Detection with Application in Real Time Systems. *Proc. of the 8th British Machine Vision Conference (BMVC '01)*.

[Buxton et Gong, 1995] H. Buxton et S. Gong 1995. Visual Surveillance in a Dynamic and Uncertain World. *Artif. Intell.*, vol. 78, n°1-2, pages 431–459.

[Caetano et al., 2003] T. S. Caetano, S. D. Olabarriaga et D. A. C. Barone 2003. Do Mixture Models in Chromaticity Space Improve Skin Detection? *Pattern Recognition*, vol. 36, n°12, pages 3019–3021.

[Cai et Goshtasby, 1999] J. Cai et A. A. Goshtasby 1999. Detecting Human Faces in Color Images. *Image Vision Comput.*, vol. 18, n°1, pages 63–75.

[Cambois et Lièvre, 2004] E. Cambois et A. Lièvre 2004. Risques de Perte d'Autonomie et Chances de Récupération chez les Personnes âgées de 55 ans ou plus : une Évaluation à Partir de l'Enquête Handicaps, Incapacités, Dépendance. *Direction de la Recherche des Étude de lÉvaluation et des Statistiques (DREES)*, , n°349.

[Campadelli et al., 2003] P. Campadelli, F. Cusmai et R. Lanzarotti 2003. A Color-based Method for Face Detection. *Proc. of the International Symposium on Telecommunications*, pages 186–190.

[Canny, 1986] J. Canny 1986. A Computational Approach to Edge Detection. *IEEE Trans. Pattern Anal. Mach. Intell.*, vol. 8, n°6, pages 679–698.

[Capellades et al., 2003] M. B. Capellades, D. S. Doermann, D. DeMenthon et R. Chellappa 2003. An Appearance based Approach for Human and Object Tracking. *Proc. of the International Conference on Image Processing (ICIP '03)*, vol. 2, pages 85–88.

[Castel et al., 1996] C. Castel, L. Chaudron et C. Tessier 1996. What is going on? A high level interpretation of sequences of images. *Proc. of the Workshop on Conceptual Descriptions from Images*.

[Cha et Srihari, 2002] S.-H. Cha et S. N. Srihari 2002. On Measuring the Distance between Histograms. *Pattern Recognition*, vol. 35, n°6, pages 1355–1370.

[Chai et Bouzerdoum, 2000] D. Chai et A. Bouzerdoum 2000. A Bayesian Approach to Skin Color Classification in YCbCr Color Space. *Proc. of the TENCON 2000*, vol. 2, pages 421–424.

[Chai et Ngan, 1999] D. Chai et K. Ngan 1999. Face Segmentation using Skin-color Map in Videophone Applications. *IEEE Transactions on Circuits and Systems for Video Technology*, vol. 9, n°4, pages 551 –564.

[Chan et Vasconcelos, 2007] A. Chan et N. Vasconcelos 2007. Classifying Video with Kernel Dynamic Textures. *Proc. of the IEEE Conference on Computer Vision and Pattern Recognition (CVPR '07)*, pages 1–6.

[Chen et al., 2004] D. Chen, J. Yang et H. D. Wactlar 2004. Towards Automatic Analysis of Social Interaction Patterns in a Nursing Home Environment From Video. *Multimedia Information Retrieval*, pages 283–290.

[Chen et al., 2003] F.-S. Chen, C.-M. Fu et C.-L. Huang 2003. Hand Gesture Recognition using a Real-time Tracking Method and Hidden Markov Models. *Image Vision Computing*, vol. 21, n°8, pages 745–758.

[Chern et al., 2001] N. K. Chern, A. N. Poo et M. H. Ang 2001. Practical Issues in Pixel-Based Autofocusing for Machine Vision. *Proc. of the IEEE International Conference on Robotics and Automation (ICRA '01)*, pages 2791–2796.

[Chiang et al., 2003] C.-C. Chiang, W.-K. Tai, M.-T. Yang, Y.-T. Huang et C.-J. Huang 2003. A Novel Method for Detecting Lips, Eyes and Faces in Real time. *Real-Time Imaging*, vol. 9, n°4, pages 277–287.

[Chomat et Crowley, 1999] O. Chomat et J. L. Crowley 1999. Probabilistic Recognition of Activity using Local Appearance. *Proc. of the IEEE Conference on Computer Vision and Pattern Recognition (CVPR '99)*, vol. 2, pages 2104–2109.

[Chumerin et Hulle, 2008] N. Chumerin et M. V. Hulle 2008. Ground Plane Estimation based on Dense Stereo Disparity. *Proc. of International Conference on Neural Networks and Artificial Intelligence (ICNNAI'08)*, pages 209–213.

[Coifman et al., 1998] B. Coifman, D. Beymer, P. McLauchlan et J. Malik 1998. A Real-time Computer Vision System for Vehicle Tracking and Traffic Surveillance. *Transportation Research Part C : Emerging Technologies*, vol. 6, pages 271–288.

[Collins, 1996] R. T. Collins 1996. A Space-Sweep Approach to True Multi-Image Matching. *Proc. of Conference on Computer Vision and Pattern Recognition (CVPR'96)*, page 358.

[Collins et al., 2000] R. T. Collins, A. J. Lipton, T. Kanade, H. Fujiyoshi, D. Duggins, Y. Tsin, D. Tolliver, N. Enomoto, O. Hasegawa, P. Burt et L. Wixson 2000. A System for Video Surveillance and Monitoring. Technical report, The Robotics Institute of School of Computer Science, Carnegie Mellon University.

[Collins et Liu, 2003] R. T. Collins et Y. Liu 2003. On-Line Selection of Discriminative Tracking Features. *International Conference on Computer Vision (ICCV '03)*, pages 346–352.

[Collobert et al., 1996] M. Collobert, R. Feraud, G. L. Tourneur, O. Bernier, J.-E. Viallet, Y. Mahieux et D. Collobert 1996. LISTEN : A System for Locating and Tracking Individual Speakers. *International Conference on Automatic Face and Gesture Recognition*, pages 283–288.

[Comaniciu et al., 2000] D. Comaniciu, V. Ramesh et P. Meer 2000. Real-time Tracking of Non-Rigid Objects Using Mean Shift. *Proc. of the IEEE Conference on Computer Vision and Pattern Recognition (CVPR '00)*, vol. 2, pages 142–149.

[Comaniciu et al., 2003] D. Comaniciu, V. Ramesh et P. Meer 2003. Kernel-Based Object Tracking. *IEEE Transactions on Pattern Analysis and Machine Intelligence*, vol. 25, n°5, pages 564–575.

[Cootes et Taylor, 2001] T. F. Cootes et C. Taylor 2001. Statistical Models of Appearance for Medical Image Analysis and Computer Vision. *Proc. of the SPIE Medical Imaging*, pages 236–248.

[Cootes et al., 1995] T. F. Cootes, C. J. Taylor, D. H. Cooper et J. Graham 1995. Active Shape Models-Their Training and Application. *Computer Vision and Image Understanding*, vol. 61, n°1, pages 38–59.

[Cruz et al., 1995] J. M. Cruz, G. Pajares et J. Aranda 1995. A Neural Network Model in Stereovision Matching. *Neural Network*, vol. 8, n°5, pages 805–813.

[Cucchiara et al., 2003] R. Cucchiara, C. Grana, M. Piccardi et A. Prati 2003. Detecting Moving Objects, Ghosts and Shadows in Video Streams. *IEEE Transactions on Pattern Analysis and Machine Intelligence*, vol. 25, n°10, pages 1337–1342.

[Cucchiara et al., 2004] R. Cucchiara, C. Grana, G. Tardini et R. Vezzani 2004. Probabilistic People Tracking for Occlusion Handling. *Proc. of the International Conference on Pattern Recognition (ICPR '04)*, vol. 1, pages 132–135.

[Cuntoor et Chellappa, 2007a] N. P. Cuntoor et R. Chellappa 2007. Epitomic Representation of Human Activities. *Computer Vision and Pattern Recognition, IEEE Computer Society Conference on*, vol. 0, pages 1–8.

[Cuntoor et Chellappa, 2007b] N. P. Cuntoor et R. Chellappa 2007. Mixed-state Models for Nonstationary Multiobject Activities. *EURASIP J. Appl. Signal Process.*, vol. 2007, n°1, pages 106–106.

[Cutler et Davis, 2000] R. Cutler et L. S. Davis 2000. Robust Real-Time Periodic Motion Detection, Analysis, and Applications. *IEEE Transactions on Pattern Analysis and Machine Intelligence*, vol. 22, pages 781–796.

[Cyganek et Siebert, 2009] B. Cyganek et J. P. Siebert (eds.) 2009. AN INTRODUCTION TO 3D COMPUTER VISION TECHNIQUES AND ALGORITHMS. Wiley.

[Czyz, 2006] J. Czyz 2006. Object Detection in Video via Particle Filters. *Proc. of the International Conference on Pattern Recognition (ICPR '06)*, vol. 1, pages 820–823.

[Darrell et al., 1996] T. Darrell, I. A. Essa et A. Pentland 1996. Task-Specific Gesture Analysis in Real-Time Using Interpolated Views. *IEEE Trans. Pattern Anal. Mach. Intell.*, vol. 18, n°12, pages 1236–1242.

[David et Alla, 1994] R. David et H. Alla 1994. Petri Nets for Modeling of Dynamic Systems : A Survey. *Automatica*, vol. 30, n°2, pages 175–202.

[Davis, 2001] J. Davis 2001. Hierarchical Motion History Images for Recognizing Human Motion. *IEEE Workshop on Detection and Recognition of Events in Video*, pages 39–46.

[de la Higuera, 2000] C. de la Higuera 2000. Current Trends in Grammatical Inference. *Proc. of the Joint IAPR International Workshops on Advances in Pattern Recognition*, pages 28–31.

[Decarlo et Metaxas, 2000] D. Decarlo et D. Metaxas 2000. Optical Flow Constraints on Deformable Models with Applications to Face Tracking. *International Journal on Computer Vision*, vol. 38, n°2, pages 99–127.

[Dedeoglu, 2004] Y. Dedeoglu 2004. Moving Object Detection, Tracking and Classification for Smart Video Surveillance. Master's thesis, Massachusetts Institute of Technology, Bilkent University.

[DeDios et García, 2003] J. J. DeDios et N. García 2003. Face Detection based on a New Color Space YCgCr. *Proc. of the International Conference on Image Processing (ICIP '03)*, vol. 3, pages 909–912.

[Dev, 1998] A. Dev 1998. Visual Navigation on Optical Flow. PhD thesis, University of Amsterdam.

[Di Stefano et Mattoccia, 2003] L. Di Stefano et S. Mattoccia 2003. Fast Template Matching using Bounded Partial Correlation. *Machine Vision Application*, vol. 13, n°4, pages 213–221.

[Dollár et al., 2005] P. Dollár, V. Rabaud, G. Cottrell et S. J. Belongie 2005. Behavior Recognition via Sparse Spatio-temporal Features. *PETS05*, pages 65–72.

[Doretto et al., 2003] G. Doretto, A. Chiuso, Y. N. Wu et S. Soatto 2003. Dynamic Textures. *International Journal of Computer Vision*, vol. 51, n°2, pages 91–109.

[Edwards et al., 1998] G. Edwards, C. Taylor et T. Cootes 1998. Interpreting Face Images Using Active Appearance Models. *Proc. of the IEEE International Conference on Automatic Face and Gesture Recognition*, vol. 0, pages 300–305.

[Elgammal et al., 2002] A. Elgammal, R. Duraiswami, D. Harwood et L. S. Davis 2002. Background and Foreground Modeling using Nonparametric Kernel Density Estimation for Visual Surveillance. *Proc. of the IEEE*, vol. 90, n°7, pages 1151–1163.

[Elgammal et Lee, 2004] A. M. Elgammal et C.-S. Lee 2004. Inferring 3D Body Pose from Silhouettes Using Activity Manifold Learning. *Proc. of the IEEE Conference on Computer Vision and Pattern Recognition (CVPR '04)*, vol. 2, pages 681–688.

[Feraud et al., 2001] R. Feraud, O. Bernier, J.-E. Viallet et M. Collobert 2001. A Fast and Accurate Face Detector Based on Neural Networks. *IEEE Transactions on Pattern Analysis and Machine Intelligence*, vol. 23, n°1, pages 42–53.

[Fieguth et Terzopoulos, 1997] P. Fieguth et D. Terzopoulos 1997. Color-Based Tracking of Heads and Other Mobile Objects at Video Frame Rates. *Proc. of the IEEE Conference on Computer Vision and Pattern Recognition (CVPR '97)*, pages 21–27.

[Figueroa, 1993] H. Figueroa 1993. A Filtering Approach to the Integration of Stereo and Motion. PhD thesis, The University of Sussex.

[Fleck et al., 1996] M. M. Fleck, D. A. Forsyth et C. Bregler 1996. Finding Naked People. *Proc. of the 4th European Conference on Computer Vision (ECCV '96)*, vol. 2, pages 593–602.

[Forsyth et Ponce, 2002] D. A. Forsyth et J. Ponce 2002. COMPUTER VISION : A MODERN APPROACH. Prentice Hall, us ed edition.

[Freund et Schapire, 1997] Y. Freund et R. E. Schapire 1997. A Decision-Theoretic Generalization of On-Line Learning and an Application to Boosting. *Journal of Computer and System Sciences*, vol. 55, n°1, pages 119–139.

[Friedman et Koller, 2003] N. Friedman et D. Koller 2003. Being Bayesian about Bayesian Network Structure : A Bayesian Approach to Structure Discovery in Bayesian Networks. *Machine Learning*, vol. 50, n°1-2, pages 95–125.

[Funka-Lea et Bajcsy, 1995] G. Funka-Lea et R. Bajcsy 1995. Combining Color and Geometry for the Active, Visual Recognition of Shadows. *IEEE International Conference on Computer Vision*, pages 203–209.

[Garcia et Delakis, 2002] C. Garcia et M. Delakis 2002. A Neural Architecture for Fast and Robust Face Detection. *Proc. of the IEEE-IAPR International Conference on Pattern Recognition (ICPR '02)*, vol. 2, pages 44–47.

[Garcia et Tziritas, 1999] C. Garcia et G. Tziritas 1999. Face Detection Using Quantized Skin Color Regions Merging and Wavelet Packet Analysis. *IEEE Transactions on Multimedia*, vol. 1, n°3, pages 264–277.

[Gasser et al., 2004] G. Gasser, N. D. Bird, O. Masoud et N. Papanikolopoulos 2004. Human Activities Monitoring at Bus Stops. *IEEE International Conference on Robotics and Automation*, pages 90–95.

[Gavrila, 1998] D. M. Gavrila 1998. Vision-based 3-D Tracking of Humans in Action. PhD thesis.

[Gavrila et al., 2004] D. M. Gavrila, J. Giebel et S. Munder 2004. Vision-based Pedestrian Detection : the PROTECTOR System. *Intelligent Vehicles Symposium*, pages 13–18.

[Geiger et al., 1995] D. Geiger, B. Ladendorf et A. L. Yuille 1995. Occlusions and Binocular Stereo. *Proc. of the Second European Conference on Computer Vision (ECCV'92)*, pages 425–433.

[Gevers et Stokman, 2003] T. Gevers et H. Stokman 2003. Classifying Color Edges in Video into Shadow-Geometry, Highlight, or Material Transitions. *IEEE Transactions Multimedia*, vol. 5, pages 237–243.

[Ghanem et al., 2004] N. Ghanem, D. DeMenthon, D. Doermann et L. Davis 2004. Representation and Recognition of Events in Surveillance Video Using Petri Nets. *Computer Vision and Pattern Recognition Workshop*, vol. 7, pages 112–120.

[Gómez, 2002] G. Gómez 2002. On Selecting Colour Components for Skin Detection. *Proc. of the International Conference on Pattern Recognition (ICPR '02)*, vol. 19, pages 961–964.

[Gómez et Morales, 2002] G. Gómez et E. F. Morales 2002. Automatic Feature Construction and a Simple Rule Induction Algorithm for Skin Detection. *In Proc. of the ICML Workshop on Machine Learning in Computer Vision*, pages 31–38.

[Gómez et al., 2002] G. Gómez, M. Sanchez et L. E. Sucar 2002. On Selecting an Appropriate Colour Space for Skin Detection. *Mexican International Conference on Artificial Intelligence (MICA '02)*, pages 69–78.

[Gong et Xiang, 2003] S. Gong et T. Xiang 2003. Recognition of Group Activities using Dynamic Probabilistic Networks. *Computer Vision, IEEE International Conference on*, vol. 2, pages 742.

[Gorelick et al., 2007] L. Gorelick, M. Blank, E. Shechtman, M. Irani et R. Basri 2007. Actions as Space-Time Shapes. *Transactions on Pattern Analysis and Machine Intelligence*, vol. 29, n°12, pages 2247–2253.

[Greenspan et al., 2001] H. Greenspan, J. Goldberger et I. Eshet 2001. Mixture Model for Face-color Modeling and Segmentation. *Pattern Recognition Letters*, vol. 22, n°14, pages 1525–1536.

[Grimson et al., 1998] W. E. L. Grimson, C. Stauffer, R. Romano et L. Lee 1998. Using Adaptive Tracking to Classify and Monitor Activities in a Site. *Proc. of the IEEE Computer Society Conference on Computer Vision and Pattern Recognition*, pages 22–29.

[Gruen et Huang, 2001] A. Gruen et T. S. Huang (eds.) 2001. CALIBRATION AND ORIENTATION OF CAMERAS IN COMPUTER VISION. Springer-Verlag New York, Inc.

[Gunn et Ellis, 1992] S. B. Gunn et T. Ellis 1992. Using Colour Templates for Target Identification and Tracking. *Proc. of the British Machine Vision Conference (BMVC '92)*, pages 207–216.

[Guo et Miao, 2008] P. Guo et Z. Miao 2008. Motion Description with Local Binary Pattern and Motion History Image : Application to Human Motion Recognition. *IEEE International Workshop on Haptic Audio visual Environments and Games (HAVE '08)*, pages 171–174.

[Gupta et Davis, 2007] A. Gupta et L. Davis 2007. Objects in Action : An Approach for Combining Action Understanding and Object Perception. *Proc. of the IEEE Conference on Computer Vision and Pattern Recognition (CVPR '07)*, pages 1–8.

[Gupta et al., 2002] N. Gupta, P. Mittal, . Sumantra, D. Roy, S. Chaudhury et S. Banerjee 2002. Developing a Gesture-based Interface. *IETE Journal of Research*, vol. 48, pages 237–244.

[Gutiérrez et Marroquín, 2004] S. Gutiérrez et J. L. Marroquín 2004. Robust Approach for Disparity Estimation in Stereo Vision. *Image and Vision Computing*, vol. 22, n°3, pages 183–195.

[Habili et al., 2001] N. Habili, C.-C. Lim et A. Moini 2001. Hand And Face Segmentation Using Motion And Color Cues In Digital Image Sequences. *IEEE International Conference on Multimedia and Expo*.

[Haritaoglu et al., 2000] I. Haritaoglu, D. Harwood et L. S. Davis 2000. W4 : Real-time Surveillance of People and Their Activities. *IEEE Transactions on Pattern Analysis and Machine Intelligence*, vol. 22, pages 809–830.

[Harville, 2002] M. Harville 2002. A Framework for High-Level Feedback to Adaptive, Per-Pixel, Mixture-of-Gaussian Background Models. *Proc. of the 7th European Conference on Computer Vision (ECCV '02)*, pages 543–560. Springer-Verlag.

[Heikkilä, 2000] J. Heikkilä 2000. Geometric Camera Calibration Using Circular Control Points. *IEEE Transactions on Pattern Analysis and Machine Intelligence*, vol. 22, pages 1066–1077.

[Heikkilä et Silvén, 1999] J. Heikkilä et O. Silvén 1999. A Real-Time System for Monitoring of Cyclists and Pedestrians. *Proc. of the Second IEEE Workshop on Visual Surveillance (VS '99)*, pages 74–81.

[Hirschmüller et al., 2002] H. Hirschmüller, P. R. Innocent et J. Garibaldi 2002. Real-Time Correlation-Based Stereo Vision with Reduced Border Errors. *International Journal Computer Vision*, vol. 47, n°1-3, pages 229–246.

[Hjelmås et Low, 2001] E. Hjelmås et B. K. Low 2001. Face Detection : A Survey. *Computer Vision and Image Understanding*, vol. 83, n°3, pages 236–274.

[Hoff et Ahuja, 1989] W. Hoff et N. Ahuja 1989. Surfaces from Stereo : Integrating Feature Matching, Disparity Estimation, and Contour Detection. *IEEE Transactions on Pattern Analysis and Machine Intelligence*, vol. 11, pages 121–136.

[Hongeng et Nevatia, 2003] S. Hongeng et R. Nevatia 2003. Large-Scale Event Detection Using Semi-Hidden Markov Models. *Proc. of the Ninth IEEE International Conference on Computer Vision (ICCV '03)*, page 1455.

[Hongeng et al., 2004] S. Hongeng, R. Nevatia et F. Brémond 2004. Video-based Event Recognition : Activity Representation and Probabilistic Recognition Methods. *Computer Vision and Image Understanding*, vol. 96, n°2, pages 129–162.

[Horprasert et al., 1999] T. Horprasert, D. Harwood et L. S. Davis 1999. A Statistical Approach for Real-time Robust Background Subtraction and Shadow Detection. *Proc. of IEEE Frame Rate Workshop*, pages 1–19.

[Hsu et al., 2002] R.-L. Hsu, M. Abdel-Mottaleb et A. K. Jain 2002. Face Detection in Color Images. *IEEE Trans. Pattern Analysis and Machine Intelligence*, vol. 24, n°5, pages 696–706.

[Hu et al., 2004a] M. Hu, W. Hu et T. Tan 2004. Tracking People through Occlusions. *Proc. of the International Conference on Pattern Recognition (ICPR '04)*, vol. 2, pages 724–727.

[Hu, 1962] M. K. Hu 1962. Visual Pattern Recognition by Moment Invariants. *IRE Transactions on Information Theory*, vol. 8, pages 179–187.

[Hu et al., 2004b] W. Hu, T.-N. Tan, L. Wang et S. J. Maybank 2004. A Survey on Visual Surveillance of Object Motion and Behaviors. *IEEE Transactions on Systems, Man, and Cybernetics - Part C : Applications and Reviews*, vol. 34, n°3, pages 334–352.

[Huang et al., 1999] J. Huang, S. R. Kumar, M. Mitra, W.-J. Zhu et R. Zabih 1999. Spatial Color Indexing and Applications. *International Journal of Computer Vision*, vol. 35, n°3, pages 245–268.

[Huang et Chen, 2009] J.-B. Huang et C.-S. Chen 2009. Moving Cast Shadow Detection using Physics-based Features. *IEEE Computer Society Conference on Computer Vision and Pattern Recognition*, vol. 0, pages 2310–2317.

[Huang et al., 1994] T. Huang, D. Koller, J. Malik, G. H. Ogasawara, B. Rao, S. J. Russell et J. Weber 1994. Automatic Symbolic Traffic Scene Analysis Using Belief Networks. *Proc. of the AAAI Conference on Artificial Intelligence (AAAI '94)*, pages 966–972.

[Huttenlocher et Rucklidge, 1992] D. Huttenlocher et W. Rucklidge 1992. A Multi-Resolution Technique For Comparing Images Using the Hausdorff Distance. *Proc. of the IEEE Conference on Computer Vision and Pattern Recognition(CVPR '92)*, vol. 93, pages 705–706.

[Huynh et al., 2009] H. H. Huynh, J. Meunier, J. Sequeira et M. Daniel 2009. Real time Detection, Tracking and Recognition of Medication Intake. *World Academy of Science, Engineering and Technology, WASET, Bangkok, Thailand*, vol. 60, pages 280–287.

[Huynh-Thu et al., 2002] Q. Huynh-Thu, M. Meguro et M. Kaneko 2002. Skin-color Extraction in Images with Complex Background and Varying Illumination. *Proc.. Sixth IEEE Workshop on Applications of Computer Vision (WACV '02)*, pages 280–285.

[Imagawa et al., 1998] K. Imagawa, S. Lu et S. Igi 1998. Color-Based Hands Tracking System for Sign Language Recognition. *IEEE International Conference Automatic Face and Gesture Recognition*, pages 462–467.

[Intille et Bobick, 1999] S. S. Intille et A. F. Bobick 1999. A Framework for Recognizing Multi-Agent Action from Visual Evidence. *Proc. of the AAAI Conference on Artificial Intelligence (AAAI '99)*, pages 518–525.

[Intille et al., 1997] S. S. Intille, J. W. Davis et A. F. Bobick 1997. Real-time Closed-world Tracking. *Proc. of the IEEE Conference on Computer Vision and Pattern Recognition (CVPR '97)*, pages 697–703.

[Isard et Blake, 1998a] M. Isard et A. Blake 1998. CONDENSATION - Conditional Density Propagation for Visual Tracking. *International Journal of Computer Vision*, vol. 29, n°1, pages 5–28.

[Isard et Blake, 1998b] M. Isard et A. Blake 1998. ICONDENSATION : Unifying Low-Level and High-Level Tracking in a Stochastic Framework. *Proc. of the 5th European Conference on Computer Vision (ECCV '98)*, vol. 1, pages 893–908.

[Ishii et al., 1999] H. Ishii, M. Fukumi et N. Akamatsu 1999. Face Detection Based on Skin Color Information in Visual Scenes by Neural Networks. *IEEE International Conference on Systems, Man, and Cybernetics*, vol. 5, pages 350–355.

[Ivanov et Bobick, 2000] Y. A. Ivanov et A. F. Bobick 2000. Recognition of Visual Activities and Interactions by Stochastic Parsing. *IEEE Transactions on Pattern Analysis and Machine Intelligence*, vol. 22, n°8, pages 852–872.

[Jabri et al., 2000] S. Jabri, Z. Duric et H. Wechsler 2000. Detection and Location of People in Video Images Using Adaptive Fusion of Color and Edge Information. *Proc. of 15th International Conference on Pattern Recognition*, pages 4627–4631.

[Javed et al., 2002] O. Javed, K. Shafique et M. Shah 2002. A Hierarchical Approach to Robust Background Subtraction using Color and Gradient Information. *Proc. of the Workshop on Motion and Video Computing*, pages 22–27.

[Jesorsky et al., 2001] O. Jesorsky, K. J. Kirchberg et R. Frischholz 2001. Robust Face Detection Using the Hausdorff Distance. *International Conference on Audio and Video-based Biometric Person Authentication*, pages 90–95.

[Jhuang et al., 2007] H. Jhuang, T. Serre, L. Wolf et T. Poggio 2007. A Biologically Inspired System for Action Recognition. *IEEE International Conference on Computer Vision (ICCV '07)*, pages 1–8.

[Jones et Malik, 1992] D. G. Jones et J. Malik 1992. A Computational Framework for Determining Stereo Correspondence from a Set of Linear Spatial Filters. *Proc. of the Second European Conference on Computer Vision (ECCV'92)*, pages 395–410.

[Jones et Rehg, 2002] M. J. Jones et J. M. Rehg 2002. Statistical Color Models with Application to Skin Detection. *International Journal of Computer Vision*, vol. 46, n°1, pages 81–96.

[Joo et Chellappa, 2006] S.-W. Joo et R. Chellappa 2006. Recognition of Multi-Object Events Using Attribute Grammars. *Proc. of the International Conference on Image Processing (ICIP '06)*, pages 2897–2900.

[Jordan, 1998] M. Jordan 1998. LEARNING IN GRAPHICAL MODELS. The MIT Press.

[Ju et al., 1996] S. X. Ju, M. J. Black et Y. Yacoob 1996. Cardboard People : A Parameterized Model of Articulated Image Motion. *Proc. of the 2nd International Conference on Automatic Face and Gesture Recognition (FG '96)*, page 38.

[Kakadiaris et Metaxas, 1996] I. A. Kakadiaris et D. Metaxas 1996. Model-based Estimation of 3D Human Motion with Occlusion based on Active Multi-viewpoint Selection. *Proc. of the IEEE Conference on Computer Vision and Pattern Recognition (CVPR '96)*, pages 81–87.

[Kale et al., 2004] A. Kale, A. Sundaresan, A. Rajagopalan, N. Cuntoor, A. R. Chowdhury, V. Kruger et R. Chellappa 2004. Identification of Humans Using Gait. *IP*, vol. 13, n°9, pages 1163–1173.

[Kamikura et al., 1998] K. Kamikura, H. Watanabe, H. Jozawa, H. Kotera et S. Ichinose 1998. Global Brightness Variation Compensation for Video Coding. *IEEE Transactions Circuits and Systems*, vol. 8, n°8, pages 988–1000.

[Kanade et Okutomi, 1991] T. Kanade et M. Okutomi 1991. A Stereo Matching Algorithm with an Adaptive Window : Theory and Experiment. *Proc. of the IEEE International Conference on Robotics and Automation (ICRA'91)*, vol. 2, pages 1088–1095.

[Karmann et al., 1990] K.-P. Karmann, A. Brandt et R. Gerl 1990. Moving Object Segmentation Based on Adaptive Reference Images. *European Signal Processing Conference*, pages 951–954.

[Kawato et Ohya, 2000] S. Kawato et J. Ohya 2000. Automatic Skin-color Distribution Extraction for Face Detection and Tracking. *International Conference on Signal Processing Proc.*, vol. 2, pages 1415–1418.

[Kessler et al., 1995] G. D. Kessler, L. F. Hodges et N. Walker 1995. Evaluation of the CyberGlove as a Whole-Hand Input Device. *ACM Trans. Comput.-Hum. Interact.*, vol. 2, n°4, pages 263–283.

[Kewei et al., 1999] S. Kewei, F. Xitian, C. Anni et S. Jingao 1999. Automatic Face Segmentation in YCrCb Images. *Fifth Asia-Pacific Conference on Communications and Fourth Optoelectronics and Communications*, vol. 2, pages 916–919.

[Khan et Shah, 2000] S. Khan et M. Shah 2000. Tracking People in Presence of Occlusion. *Asian Conference on Computer Vision*, pages 1132–1137.

[Kjeldsen et Kender, 1996] R. Kjeldsen et J. R. Kender 1996. Finding Skin in Color Images. *FG*, pages 312–317.

[Kohavi, 1995] R. Kohavi 1995. A Study of Cross-Validation and Bootstrap for Accuracy Estimation and Model Selection. *International Joint Conference on Artificial Intelligence (IJCAI)*, pages 1137–1145.

[Kohonen, 2001] T. Kohonen 2001. SELF-ORGANIZING MAPS. Springer-Verlag, Berlin Heidelberg, 3rd edition.

[Koller et al., 1994] D. Koller, J. Weber et T. Huang 1994. Towards Robust Automatic Traffic Scene Analysis in Real-Time. *IEEE International Conference on Decision and Control*, pages 3776–3782.

[Koller et al., 1993] D. Koller, J. Weber et J. Malik 1993. Robust Multiple Car Tracking with Occlusion Reasoning. Technical report, EECS Department, University of California, Berkeley.

[Kolsch et Turk, 2004] M. Kolsch et M. Turk 2004. Robust Hand Hetection. *IEEE International Conference on Automatic Face and Gesture Recognition*, pages 614–619.

[Kovac et al., 2003] J. Kovac, P. Peer et F. Solina 2003. Human Skin Color Clustering for Face Detection. *EUROCON 2003*, vol. 2, pages 144–148.

[Kuchi et al., 2007] P. Kuchi, P. Gabbur, P. S. Bhat, S. David et S. Smieee 2007. Human Face Detection and Tracking using Skin Color Modeling and Connected Component Operators. *Special Issue IETE Journal of Research on Visual Media Processing*, vol. 48, n°3-4, pages 289–293.

[Labayrade et al., 2002] R. Labayrade, D. Aubert et J. Tarel 2002. Real time Obstacle Detection in Stereovision on non Flat Road Geometry Through "v-disparity" Representation. *Intelligent Vehicle Symposium*, vol. 2, pages 646–651.

[Lambert et al., 1999] C. G. Lambert, S. E. Harrington, C. R. Harvey et A. Glodjo 1999. Efficient On-Line Nonparametric Kernel Density Estimation. *Algorithmica*, vol. 25, n°1, pages 37–57.

[Laptev, 2005] I. Laptev 2005. On Space-Time Interest Points. *International Journal of Computer Vision*, vol. 64, n°2-3, pages 107–123.

[Lee et al., 2003] D.-S. Lee, J. J. Hull et B. Erol 2003. A Bayesian Framework for Gaussian Mixture Background Modeling. *Proc. of IEEE International Conference on Image Processing*, vol. 3, pages 973–976.

[Lee et Yoo, 2002] J. Y. Lee et S. I. Yoo 2002. An Elliptical Boundary Model for Skin Color Detection. *International Conference on Imaging Science, Systems and Technology*, pages 579–584.

[Lemieux, 2003] A. Lemieux 2003. Système d'identification de personnes par vision numérique. Master's thesis, Université Laval.

[Leuck et Nagel, 2001] H. Leuck et H.-H. Nagel 2001. Model-Based Initialisation of Vehicle Tracking : Dependency on Illumination. *IEEE International Conference on Computer Vision*, vol. 1, pages 309–314.

[Li et Lavest, 1996] M. Li et J.-M. Lavest 1996. Some Aspects of Zoom Lens Camera Calibration. *IEEE Transaction Pattern Analysis Machine Intelligence*, vol. 18, n°11, pages 1105–1110.

[Lienhart et al., 2003] R. Lienhart, A. Kuranov et V. Pisarevsky 2003. Empirical Analysis of Detection Cascades of Boosted Classifiers for Rapid Object Detection. *DAGM-Symposium*, pages 297–304.

[Lipton, 1999] A. J. Lipton 1999. Local Application of Optic Flow to Analyse Rigid versus Non-Rigid Motion. *Proc. IEEE International Conference on Computer Vision Workshop on Frame-Rate Applications.*

[Lipton et al., 1998] A. J. Lipton, H. Fujiyoshi et R. S. Patil 1998. Moving Target Classification and Tracking from Real-time Video. *Proc. of the 4th IEEE Workshop on Applications of Computer Vision (WACV '98)*, pages 129–136.

[Liu et Sarkar, 2006] Z. Liu et S. Sarkar 2006. Improved Gait Recognition by Gait Dynamics Normalization. *PAMI*, vol. 28, n°6, pages 863–876.

[Lu et al., 2003] S. Lu, D. Metaxas, D. Samaras et J. Oliensis 2003. Using Multiple Cues for Hand Tracking and Model Refinement. *IEEE Computer Society Conference on Computer Vision and Pattern Recognition*, vol. 2, pages 443–450.

[Maas et al., 1999] R. Maas, B. ter Haar Romeny et M. Viergever 1999. Area-Based Computation of Stereo Disparity with Model-Based Window Size Selection. *Computer Society Conference on Computer Vision and Pattern Recognition (CVPR'99)*, vol. 1, pages 106–112.

[Maio et Maltoni, 2000] D. Maio et D. Maltoni 2000. Real-time Face Location on Gray-scale Static Images. *Pattern Recognition*, vol. 33, n°9, pages 1525–1539.

[Malik et Perona, 1990] J. Malik et P. Perona 1990. Preattentive Texture Discrimination with Early Vision Mechanism. *Journal of the Optical Society of America - A*, vol. 7, n°5, pages 923–932.

[Mammen et al., 2001] J. P. Mammen, S. Chaudhuri et T. Agrawal 2001. Simultaneous Tracking of Both Hands by Estimation of Erroneous Observations. *Proc. of the British Machine Vision Conference (BMVC '01)*, pages 83–92.

[Marqués et Vilaplana, 2000] F. Marqués et V. Vilaplana 2000. A Morphological Approach for Segmentation and Tracking of Human Face. *ICPR*, pages 5064–5067.

[Martin et al., 1998] J. Martin, V. E. Devin et J. L. Crowley 1998. Active Hand Tracking. *3rd International Conference on Face & Gesture Recognition (FG '98)*, pages 573–578.

[Mazzaro et al., 2005] M. C. Mazzaro, M. Sznaier et O. Camps 2005. A Model (In)Validation Approach to Gait Classification. *IEEE Transactions on Pattern Analysis and Machine Intelligence*, vol. 27, pages 1820–1825.

[McAllister et al., 2002] G. McAllister, S. J. McKenna et I. W. Ricketts 2002. Hand Tracking for Behaviour Understanding. *Image Vision Comput.*, vol. 20, n°12, pages 827–840.

[Mcivor, 2000] A. M. Mcivor 2000. Background Subtraction Techniques. *Proc. of Image and Vision Computing*, pages 147–153.

[McKenna et al., 1998] S. J. McKenna, S. Gong et Y. Raja 1998. Modelling Facial Colour and Identity with Gaussian Mixtures. *Pattern Recognition*, vol. 31, n°12, pages 1883–1892.

[McKenna et al., 2000a] S. J. McKenna, S. Jabri, Z. Duric, A. Rosenfeld et H. Wechsler 2000. Tracking Groups of People. *Computer Vision and Image Understanding*, vol. 80, n°1, pages 42–56.

[McKenna et al., 2000b] S. J. McKenna, S. Jabri, Z. Duric et H. Wechsler 2000. Tracking Interacting People. *Proc. of International Conference on Automatic Face and Gesture Recognition*, pages 348–353.

[McKenna et al., 1999] S. J. McKenna, Y. Raja et S. Gong 1999. Tracking Colour Objects using Adaptive Mixture Models. *Image Vision Computing*, vol. 17, n°3-4, pages 225–231.

[Menser et Wien, 2000] B. Menser et M. Wien 2000. Segmentation and Tracking of Facial Regions in Color Image Sequences. *VCIP*, pages 731–741.

[Mesrine, 2003] A. Mesrine 2003. Les Places dans les Établissements pour Personnes âgées en 2001-2002. *Direction de la Recherche des Étude de lÉvaluation et des Statistiques (DREES)*, , n°263.

[Mihailidis et Fernie, 2002] A. Mihailidis et G. R. Fernie 2002. Context-aware Assistive Devices for Older Adults with Dementia. *Canadian Conference on Computer and Robot Vision*, vol. 2, n°2, pages 173–189.

[Mikic et al., 2000] I. Mikic, P. C. Cosman, G. T. Kogut et M. M. Trivedi 2000. Moving Shadow and Object Detection in Traffic Scenes. *Proc. International Conference Pattern Recognition*, vol. 1, pages 321–324.

[Moghaddam et Pentland, 1997] B. Moghaddam et A. Pentland 1997. Probabilistic Visual Learning for Object Representation. *IEEE Transactions on Pattern Analysis and Machine Intelligence*, vol. 19, n°7, pages 696–710.

[Moore et Essa, 2002] D. J. Moore et I. A. Essa 2002. Recognizing Multitasked Activities from Video Using Stochastic Context-Free Grammar. *Proc. of the AAAI Conference on Artificial Intelligence (AAAI '02)*, pages 770–776.

[Moore et al., 1999] D. J. Moore, I. A. Essa et M. H. H. Iii 1999. Exploiting Human Actions and Object Context for Recognition Tasks. *IEEE International Conference on Computer Vision*, vol. 1, pages 80–86.

[Nadimi et Bhanu, 2004] S. Nadimi et B. Bhanu 2004. Physical Models for Moving Shadow and Object Detection in Video. *IEEE Transactions on Pattern Analysis and Machine Intelligence*, vol. 26, n°8, pages 1079–1087.

[Nasiri et al., 2008] J. A. Nasiri, M. A. Moulavi, H. S. Yazdi, M. Rouhani et A. E. Shargh 2008. A PSO Tuning Approach for Lip Detection on Color Images. *Second UKSIM European Symposium on Computer Modeling and Simulation (EMS '08)*, pages 278–282.

[Nedevschi et al., 2004] S. Nedevschi, R. Schmidt, T. Graf, R. Danescu, D. Frentiu, T. Marita, F. Oniga et C. Pocol 2004. 3D Lane Detection System based on Stereovision. *Proc. of the 7th International IEEE Conference on Intelligent Transportation Systems*, pages 161–166.

[Nguyen et al., 2002] H. T. Nguyen, M. Worring, R. van den Boomgaard et A. W. M. Smeulders 2002. Tracking Nonparameterized Object Contours in Video. *IEEE Transactions on Image Processing*, vol. 11, n°9, pages 1081–1091.

[Niebles et Li, 2007] J. C. Niebles et F.-F. Li 2007. A Hierarchical Model of Shape and Appearance for Human Action Classification. *Proc. of the IEEE Conference on Computer Vision and Pattern Recognition (CVPR '07)*.

[Niebles et al., 2008] J. C. Niebles, H. Wang et F.-F. Li 2008. Unsupervised Learning of Human Action Categories Using Spatial-Temporal Words. *International Journal of Computer Vision*, vol. 79, n°3, pages 299–318.

[Norris et Armstrong, 1999] C. Norris et G. Armstrong 1999. THE MAXIMUM SURVEILLANCE SOCIETY : THE RISE OF CCTV. Oxford ; New York : Berg.

[Nowozin et al., 2007] S. Nowozin, G. H. Bakir et K. Tsuda 2007. Discriminative Subsequence Mining for Action Classification. *ICCV*, pages 1–8.

[Nugent et al., 2005] C. Nugent, D. Finlay, R. Davies, C. Paggetti, E. Tamburini et N. Black 2005. Can Technology Improve Compliance to Medication ? *International Conference on Smart Homes and Health Telematic, Sherbrooke, QC, Canada*, pages 65–72.

[Nummiaro et al., 2003] K. Nummiaro, E. Koller-meier et L. V. Gool 2003. Color Features for Tracking Non-Rigid Objects. *Special Issue on Visual Surveillance, Chinese Journal of Automation, May 2003*, vol. 29, pages 345–355.

[Ogata et al., 2004] T. Ogata, M. Rahman, J. K. Tan et S. Ishikawa 2004. Real time Human Motion Recognition based on a Motion History Image and an Eigenspace. *SICE 2004 Annual Conference*, vol. 2, pages 1901–1904.

[Oh et al., 2005] S. M. Oh, J. M. Rehg, T. R. Balch et F. Dellaert 2005. Data-Driven MCMC for Learning and Inference in Switching Linear Dynamic Systems. *Proc. of the AAAI Conference on Artificial Intelligence (AAAI '05)*, pages 944–949.

[Ohta, 2001] N. Ohta 2001. A Statistical Approach to Background Subtraction for Surveillance Systems. *Proc. of the IEEE International Conference on Computer Vision (ICCV)*, pages 751–767.

[Papageorgiou et al., 1998] C. Papageorgiou, T. Evgeniou et T. Poggio 1998. A Trainable Pedestrian Detection System. *In Proc. of Intelligent Vehicles*, pages 241–246.

[Paragios et Deriche, 2002] N. Paragios et R. Deriche 2002. Geodesic Active Regions and Level Set Methods for Supervised Texture Segmentation. *International Journal of Computer Vision*, vol. 46, n°3.

[Park et Aggarwal, 2004] S. Park et J. K. Aggarwal 2004. Recognition of Two-person Interactions using a Hierarchical Bayesian Network. *ACM Journal Multimedia System*, vol. 10, n°2, pages 164–179.

[Paterson et Fitzgibbon, 2003] J. Paterson et A. Fitzgibbon 2003. 3D Head Tracking using Non-Linear Optimization. *Proc. of the British Machine Vision Conference (BMVC'03)*, pages 609–618.

[Pavlovic et Rehg, 2000] V. Pavlovic et J. M. Rehg 2000. Impact of Dynamic Model Learning on Classification of Human Motion. *Proc. of the IEEE Conference on Computer Vision and Pattern Recognition (CVPR '00)*, pages 1788–1795.

[Pearl, 1988] J. Pearl 1988. PROBABILISTIC REASONING IN INTELLIGENT SYSTEMS : NETWORKS OF PLAUSIBLE INFERENCE. Morgan Kaufmann.

[Pérez et al., 2002] P. Pérez, C. Hue, J. Vermaak et M. Gangnet 2002. Color-Based Probabilistic Tracking. *Proc. of the 7th European Conference on Computer Vision (ECCV '02)*, vol. 1, pages 661–675.

[Peterfreund, 1999] N. Peterfreund 1999. Robust Tracking of Position and Velocity With Kalman Snakes. *IEEE Transactions on Pattern Analysis and Machine Intelligence*, vol. 21, n°6, pages 564–569.

[Peterson, 1977] J. L. Peterson 1977. Petri Nets. *ACM Computer Surveys*, vol. 9, n°3, pages 223–252.

[Petri, 1966] C. A. Petri 1966. Communication with automata. Technical report, Applied Data Research Inc.

[Phung et al., 2002] S. L. Phung, A. Bouzerdoum et D. Chai 2002. A Novel Skin Color Model in YCbCr Color Space and its Application to Human Face Detection. *International Conference on Image Processing*, vol. 1.

[Phung et al., 2001] S. L. Phung, D. Chai et A. Bouzerdoum 2001. A Universal and Robust Human Skin Color Model using Neural Networks. *International Joint Conference on Neural Networks (IJCNN '01)*, vol. 4, pages 2844–2849.

[Pinel et Nicolas, 2001] J. Pinel et H. Nicolas 2001. Estimation 2d Illuminant Direction and Shadow Segmentation in Natural Video Sequences. *Proc. of VLBV*.

[Pinhanez et Bobick, 1998] C. Pinhanez et A. Bobick 1998. Human Action Detection Using PNF Propagation of Temporal Constraints. *IEEE Computer Society Conference on Computer Vision and Pattern Recognition*, vol. 0, pages 898–904.

[Pla et Beaumel, 2009] A. Pla et C. Beaumel 2009. Bilan Démographique 2009 - Évolution de la Population Totale par Groupe d'âges. *Bilan Démographique 2009 - Évolution de la Population Totale par Groupe d'âges*.

[Pless, 2003] R. Pless 2003. Image Spaces and Video Trajectories : Using Isomap to Explore Video Sequences. *ICCV*, pages 1433–1440.

[Polana et al., 1994] R. Polana, R. Nelson et A. Nelson 1994. Low Level Recognition of Human Motion. *Proc. of IEEE Computer Society Workshop on Motion of Non-Rigid and Articulated Objects*, pages 77–82.

[Polana et Nelson, 1997] R. Polana et R. C. Nelson 1997. Detection and Recognition of Periodic, Nonrigid Motion. *Int. J. Comput. Vision*, vol. 23, n°3, pages 261–282.

[Polat et al., 2003] E. Polat, M. Yeasin et R. Sharma 2003. A 2D/3D Model-based Object Tracking Framework. *Pattern Recognition*, vol. 36, n°9, pages 2127–2141.

[Prati et al., 2001] A. Prati, R. Cucchiara, I. Mikic et M. M. Trivedi 2001. Analysis and Detection of Shadows in Video Streams : A Comparative Evaluation. *Proc. IEEE Int'l Conf. Computer Vision and Pattern Recognition*, vol. 2, pages 571–576.

[Prati et al., 2003] A. Prati, I. Mikic, M. M. Trivedi et R. Cucchiara 2003. Detecting Moving Shadows : Formulation, Algorithms and Evaluation. *IEEE Transactions on Pattern Analysis and Machine Intelligence*, vol. 25, n°7, pages 918–923.

[Quek et al., 1995] F. K. H. Quek, T. Mysliwiec et M. Zhao 1995. Fingermouse : A Freehand Pointing Interface. *International Workshop on Automatic Face and Gesture-Recognition*, pages 372–377.

[Rabiner, 1989] L. R. Rabiner 1989. A Tutorial on Hidden Markov Models and Selected Applications in Speech Recognition. *Proc. of the IEEE*, vol. 77, pages 257–286.

[Raja et al., 1998] Y. Raja, S. J. McKenna et S. Gong 1998. Tracking and Segmenting People in Varying Lighting Conditions Using Colour. *IEEE International Conference on Face and Gesture Recognition*, pages 228–233.

[Rasmussen et Hager, 2001] C. Rasmussen et G. D. Hager 2001. Probabilistic Data Association Methods for Tracking Complex Visual Objects. *IEEE Trans. Pattern Anal. Mach. Intell.*, vol. 23, n°6, pages 560–576.

[Rehg et Kanade, 1994] J. Rehg et T. Kanade 1994. Visual Tracking of High DOF Articulated Structures : An Application to Human Hand Tracking. *Proc. of the 3rd European Conference on Computer Vision (ECCV '94)*, vol. 2, pages 35–46.

[Remagnino et al., 1997] P. Remagnino, A. M. Baumberg, T. Grove, T. Tan, D. Hogg, K. Baker et A. Worrall 1997. An Integrated Traffic and Pedestrian Model-based Vision System. *Proc. of the Eighth British Machine Vision Conference (BMVC '97)*, pages 380–389.

[Remagnino et al., 1998] P. Remagnino, T. Tan et K. D. Baker 1998. Agent Orientated Annotation in Model Based Visual Surveillance. *ICCV*, pages 857–862.

[Robert-Bobée, 2007] I. Robert-Bobée 2007. Projections de Population 2005-2050, Vieillissement de la Population en France Métropolitaine. *Économie et Statistique*, , n°408-409.

[Roweis et Saul, 2000] S. T. Roweis et L. K. Saul 2000. Nonlinear Dimensionality Reduction by Locally Linear Embedding. *Science*, vol. 290, n°5500, pages 2323–2328.

[Rowley et al., 1998a] H. A. Rowley, S. Baluja et T. Kanade 1998. Neural Network-Based Face Detection. *IEEE Transactions on Pattern Analysis and Machine Intelligence*, vol. 20, pages 23–38.

[Rowley et al., 1998b] H. A. Rowley, S. Baluja et T. Kanade 1998. Rotation Invariant Neural Network-Based Face Detection. *Proc. of the IEEE Conference on Computer Vision and Pattern Recognition (CVPR '98)*, pages 38–44.

[Roy, 1999] S. Roy 1999. Stereo Without Epipolar Lines : A Maximum-Flow Formulation. *International Journal of Computer Vision*, vol. 34, n°2-3, pages 147–161.

[Ryoo et Aggarwal, 2006] M. S. Ryoo et J. K. Aggarwal 2006. Recognition of Composite Human Activities through Context-Free Grammar Based Representation. *Proc. of the IEEE Conference on Computer Vision and Pattern Recognition (CVPR '06)*, vol. 2, pages 1709–1718.

[Salvador et al., 2004] E. Salvador, A. Cavallaro et T. Ebrahimi 2004. Cast Shadow Segmentation using Invariant Color Features. *Computer Vision and Image Understanding (CVIU)*, vol. 95, pages 238–259.

[Santana et al., 2008] M. C. Santana, O. Déniz-Suárez, L. Antón-Canalís et J. Lorenzo-Navarro 2008. Face and Facial Feature Detection Evaluation - Performance Evaluation of Public Domain Haar Detectors for Face and Facial Feature Detection. *Proc. of the Third International Conference on Computer Vision Theory and Applications*, vol. 2, pages 167–172.

[Sappa et al., 2007] A. D. Sappa, F. Dornaika, D. Gerónimo et A. López 2007. Efficient on-board Stereo Vision Pose Estimation. *Proc. of the 11th International Conference on Computer aided Systems Theory (EUROCAST'07)*, pages 1183–1190.

[Saptharishi et al., 2000] M. Saptharishi, J. B. Hampshire et P. K. Khosla 2000. Agent-Based Moving Object Correspondence Using Differential Discriminative Diagnosis. *Proc. of the IEEE Conference on Computer Vision and Pattern Recognition (CVPR '00)*, pages 2652–2658.

[Savarese et al., 2008] S. Savarese, A. D. Pozo, J. Niebles et F. Li 2008. Spatial-Temporal Correlations for Unsupervised Action Classification. *Motion08*, pages 1–8.

[Saxe et Foulds, 1996] D. M. Saxe et R. A. Foulds 1996. Toward Robust Skin Identification in Video Images. *International Conference on Automatic Face and Gesture Recognition (FG '96)*, pages 379–384.

[Schlenzig et al., 1994] J. Schlenzig, E. Hunter et R. Jain 1994. Recursive Identification of Gesture Inputs Using Hidden Markov Models. *WACV94*, pages 187–194.

[Schreer et al., 2002] O. Schreer, I. Feldmann, U. Gölz et P. Kauff 2002. Fast and Robust Shadow Detection in Videoconference Applications. *Proc. of Fourth IEEE Int'l Symp. Video Processing and Multimedia Communication*, pages 371–375.

[Schüldt et al., 2004] C. Schüldt, I. Laptev et B. Caputo 2004. Recognizing Human Actions : A Local SVM Approach. *Proc. of the International Conference on Pattern Recognition (ICPR '04)*, vol. 3, pages 32–36.

155

[Schwarz, 1978] G. Schwarz 1978. Estimating the Dimension of a Model. *The Annals of Statistics*, vol. 6, n°2, pages 461–464.

[Schwerdt et Crowley, 2000] K. Schwerdt et J. L. Crowley 2000. Robust Face Tracking Using Color. *IEEE International Conference on Automatic Face and Gesture Recognition*, vol. 0, pages 90.

[Senior, 2002] A. Senior 2002. Tracking People with Probabilistic Appearance Models. *Proc. of the IEEE International Workshop on Performance Evaluation of Tracking and Surveillance (PETS '02)*, pages 48–55.

[Serby et al., 2004] D. Serby, E. Koller-Meier et L. V. Gool 2004. Probabilistic Object Tracking Using Multiple Features. *International Conference on Pattern Recognition*, vol. 2, pages 184–187.

[Shan et al., 2007a] C. Shan, T. Tan et Y. Wei 2007. Real-time Hand Tracking Using a Mean Shift Embedded Particle Filter. *Pattern Recognition*, vol. 40, n°7, pages 1958–1970.

[Shan et al., 2007b] Y. Shan, F. Yang et R. Wang 2007. Color Space Selection for Moving Shadow Elimination. *International Conference on Image and Graphics*, vol. 0, pages 496–501.

[Sherrah et Gong, 2000] J. Sherrah et S. Gong 2000. Tracking Discontinuous Motion Using Bayesian Inference. *6th European Conference on Computer Vision*, pages 150–166.

[Shi et al., 2006] Y. Shi, A. Bobick et I. Essa 2006. Learning Temporal Sequence Model from Partially Labeled Data. *Proc. of the IEEE Conference on Computer Vision and Pattern Recognition (CVPR '06)*, vol. 2, pages 1631–1638.

[Shi et al., 2004] Y. Shi, Y. Huang, D. Minnen, A. Bobick et I. Essa 2004. Propagation Networks for Recognition of Partially Ordered Sequential Action. *IEEE Computer Society Conference on Computer Vision and Pattern Recognition*, vol. 2, pages 862–869.

[Sigal et al., 2000] L. Sigal, S. Sclaroff et V. Athitsos 2000. Estimation and Prediction of Evolving Color Distributions for Skin Segmentation under Varying Illumination. *Proc. of the IEEE Conference on Computer Vision and Pattern Recognition (CVPR '00)*, pages 2152–2159.

[Sigal et al., 2004] L. Sigal, S. Sclaroff et V. Athitsos 2004. Skin Color-Based Video Segmentation under Time-Varying Illumination. *IEEE Transactions on Pattern Analysis and Machine Intelligence*, vol. 26, n°7, pages 862–877.

[Smeets, 2004] A. Smeets 2004. Camera's in Het Publieke Domein (Cameras in Public, in Dutch). *College Bescherming Persoonsgegevens(CBP), The Hague, The Netherlands*.

[Sobottka et Pitas, 1996] K. Sobottka et I. Pitas 1996. Extraction of Facial Regions and Features Using Color and Shape Information. *Proc. of the International Conference on Pattern Recognition (ICPR '96)*, vol. 3, pages 421–425.

[Sobottka et Pitas, 1998] K. Sobottka et I. Pitas 1998. A Novel Method for Automatic Face Segmentation, Facial Feature Extraction and Tracking. *Signal Processing : Image Communication*, vol. 12, n°3, pages 263–281.

[Song et al., 2003] Y. Song, L. Goncalves et P. Perona 2003. Unsupervised Learning of Human Motion. *IEEE Trans. Pattern Anal. Mach. Intell.*, vol. 25, n°7, pages 814–827.

[Spengler et Schiele, 2002] M. Spengler et B. Schiele 2002. Multi-Object Tracking : Explicit Knowledge Representation and Implementation for Complexity Reduction. *Workshop on Cognitive Vision*.

[Starner et al., 1998] T. Starner, J. Weaver et A. Pentland 1998. Real-time American Sign Language Recognition Using Desk and Wearable Computer Based Video. *IEEE Trans. Pattern Anal. Mach. Intell.*, vol. 20, n°12, pages 1371–1375.

[Stasiak et Pacut, 2007] L. Stasiak et A. Pacut 2007. Particle filters for multi-face detection and tracking with automatic clustering. *Proc. of the IEEE International Workshop on Imaging Systems and Techniques (IST '07)*, pages 1–6.

[Stauder et al., 1999] J. Stauder, R. Mech et J. Ostermann 1999. Detection of Moving Cast Shadows for Object Segmentation. *IEEE Transactions Multimedia*, vol. 1, n°1, pages 65–76.

[Stauffer et Grimson, 1999] C. Stauffer et W. Grimson 1999. Adaptive Background Mixture Models for Real-time Tracking. *Proc. of the IEEE Computer Society Conference on Computer Vision and Pattern Recognition*, vol. 2, pages 246–252.

[Stauffer et Grimson, 2000] C. Stauffer et W. E. L. Grimson 2000. Learning Patterns of Activity Using Real-Time Tracking. *IEEE Transactions on Pattern Analysis and Machine Intelligence*, vol. 22, n°8, pages 747–757.

[Stenger et al., 2001] B. Stenger, P. R. S. Mendonça et R. Cipolla 2001. Model-Based 3D Tracking of an Articulated Hand. *IEEE Computer Society Conference on Computer Vision and Pattern Recognition*, vol. 2, pages 310–315.

[Stenger et al., 2006] B. Stenger, A. Thayananthan, P. H. S. Torr et R. Cipolla 2006. Model-Based Hand Tracking Using a Hierarchical Bayesian Filter. *IEEE Trans. Pattern Anal. Mach. Intell.*, vol. 28, n°9, pages 1372–1384.

[Stern et Efros, 2002] H. Stern et B. Efros 2002. Adaptive Color Space Switching for Face Tracking in Multi-Colored Lighting Environments. *5th IEEE International Conference on Automatic Face and Gesture Recognition (FGR '02)*, pages 249–254.

[Stringa et Regazzoni, 2000] E. Stringa et C. Regazzoni 2000. Real-time Video-Shot Detection for Scene Surveillance Applications. *IEEE Transactions on Image Processing*, vol. 9, n°1, pages 69–79.

[Sun et Cooperstock, 2006] W. Sun et R. Cooperstock 2006. An empirical evaluation of factors influencing camera calibration accuracy using three publicly available techniques. *Machine Vision Application*, vol. 17, n°1, pages 51–67.

[Swain et Ballard, 1990] M. Swain et D. Ballard 1990. Indexing via Color Histograms. *Third International Conference on Computer Vision (ICCV'90)*, pages 390–393.

[Swain et Ballard, 1991] M. J. Swain et D. H. Ballard 1991. Color Indexing. *International Journal of Computer Vision*, vol. 7, n°1, pages 11–32.

[Swaminathan et Nayar, 2000] R. Swaminathan et S. K. Nayar 2000. Nonmetric Calibration of Wide-Angle Lenses and Polycameras. *IEEE Transactions on Pattern Analysis and Machine Intelligence*, vol. 22, pages 1172–1178.

[Syeda-Mahmood et al., 2001] T. Syeda-Mahmood, A. Vasilescu et S. Sethi 2001. Recognizing action events from multiple viewpoints. *Detection and Recognition of Events in Video, IEEE Workshop on*, vol. 0, pages 64.

[Szeliski et Golland, 1999] R. Szeliski et P. Golland 1999. Stereo Matching with Transparency and Matting. *International Journal Computer Vision*, vol. 32, n°1, pages 45–61.

[Tan et al., 1998] T. N. Tan, G. D. Sullivan et K. D. Baker 1998. Model-Based Localisation and Recognition of Road Vehicles. *International Journal on Computer Vision*, vol. 27, n°1, pages 5–25.

[Teague, 1980] M. R. Teague 1980. Image Analysis via the General Theory of Moments. *Journal of the Optical Society of America)*, vol. 70, pages 920–930.

[Tenenbaum et al., 2000] J. B. Tenenbaum, V. Silva et J. C. Langford 2000. A Global Geometric Framework for Nonlinear Dimensionality Reduction. *Science*, vol. 290, n°5500, pages 2319–2323.

[Terrillon et al., 2000] J.-C. Terrillon, H. Fukamachi, S. Akamatsu et M. N. Shirazi 2000. Comparative Performance of Different Skin Chrominance Models and Chrominance Spaces for the Automatic Detection of Human Faces in Color Images. *Proc. of the Fourth IEEE International Conference on Automatic Face and Gesture Recognition (FG '00)*, page 54.

[Theil et al., 2000] A. Theil, R. Kemp, K. Romeo, L. Kester et E. Bosse 2000. Classification of Moving Objects in Surveillance Algorithms. *Workshop on Performance Evaluation of Tracking and Surveillance PETS'2000*.

[Toennies et al., 2002] K. Toennies, F. Behrens et M. Aurnhammer 2002. Feasibility of Hough-transform-based Iris Localisation for Real-time Application. *Proc.. 16th International Conference on Pattern Recognition*, vol. 2, pages 1053–1056.

[Toyama et al., 1999] K. Toyama, J. Krumm, B. Brumitt et B. Meyers 1999. Wallflower : Principles and Practice of Background Maintenance. *IEEE International Conference on Computer Vision*, vol. 1, pages 255–261.

[Trucco et Verri, 1998] Trucco et A. Verri 1998. INTRODUCTORY TECHNIQUES FOR 3-D COMPUTER VISION. Prentice Hall.

[Turaga et al., 2008] P. Turaga, R. Chellappa, V. S. Subrahmanian et O. Udrea 2008. Machine Recognition of Human Activities : A Survey. *IEEE Transactions on Circuits and Systems for Video Technology*, vol. 18, n°11, pages 1473–1488.

[Turcotte et Schellenberg, 2006] M. Turcotte et G. Schellenberg 2006. Un Portrait des Aînés au Canada. *Statistique Canada*.

[Turk et Pentland, 1991] M. Turk et A. Pentland 1991. Eigenfaces for Recognition. *Journal of Cognitive Neuroscience*, vol. 3, n°1, pages 71–86.

[Valin et al., 2006] M. Valin, J. Meunier, A. St-Arnaud et J. Rousseau 2006. Video Surveillance of Medication Intake. *IEEE Engineering in Medicine and Biology Society*, vol. 1, pages 6396–6399.

[van der Mark et Gavrila, 2006] W. van der Mark et D. M. Gavrila 2006. Real-time Dense Stereo for Intelligent Vehicles. *IEEE Transactions on Intelligent Transportation Systems*, vol. 7, n°1, pages 38–50.

[Vaswani et al., 2005] N. Vaswani, A. K. R. Chowdhury et R. Chellappa 2005. "Shape Activity" : A Continuous-State HMM for Moving/Deforming Shapes With Application to Abnormal Activity Detection. *IEEE Transactions on Image Processing*, vol. 14, n°10, pages 1603–1616.

[Veenman et al., 2001] C. J. Veenman, M. Reinders et E. Backer 2001. Resolving Motion Correspondence for Densely Moving Points. *IEEE Transactions on Pattern Analysis and Machine Intelligence*, vol. 23, pages 54–72.

[Veeraraghavan et al., 2005] A. Veeraraghavan, A. K. Roy-Chowdhury et R. Chellappa 2005. Matching Shape Sequences in Video with Applications in Human Movement Analysis. *IEEE Transactions on Pattern Analysis and Machine Intelligence*, vol. 27, pages 1896–1909.

[Vezhnevets et al., 2003] V. Vezhnevets, V. Sazonov et A. Andreeva 2003. A Survey on Pixel-Based Skin Color Detection Techniques. *Proc. of the GraphiCon 2003*, pages 85–92.

[Viola et Jones, 2001] P. Viola et M. Jones 2001. Robust Real-time Object Detection. *International Journal of Computer Vision*.

[Wang et Brandstein, 1999] C. Wang et M. Brandstein 1999. Multi-source Face Tracking with Audio and Visual Data. *IEEE 3rd Workshop on Multimedia Signal Processing*, pages 169–174.

[Wang et al., 2003] L. Wang, W. Hu et T. Tan 2003. Recent Developments in Human Motion Analysis. *Pattern Recognition*, vol. 36, n°3, pages 585–601.

[Wang et Yuan, 2001] Y. Wang et B. Yuan 2001. A Novel Approach for Human Face Detection from Color Images under Complex Background. *Pattern Recognition*, vol. 34, n°10, pages 1983–1992.

[Weitenberg et al., 2003] N. A. Weitenberg, E. Jansen, I. van Leiden, J. H. Kerstholt et H. Ferwerda 2003. Cameratoezicht : De Menselijke Factor Video Surveillance, the Human Part, in Dutch. *Kerckebosch, Zeist, The Netherlands.*

[Wilson et Bobick, 1995] A. Wilson et A. Bobick 1995. Learning Visual Behavior for Gesture Analysis. *Proc. of the International Symposium on Computer Vision (ISCV '95)*, pages 229–234.

[Withagen, 2006] P. Withagen 2006. Object Detection and Segmentation for Visual Surveillance. PhD thesis, University of Amsterdam.

[Withagen et al., 1999] P. J. Withagen, K. Schutte, A. M. Vossepoel et M. G. Breuers 1999. Automatic Classification of Ships From Infrared (FLIR) Images. *Proc. of the SPIE International Symposium on Aerospace/Defense Sensing, Simulation, and Controls AeroSense*, vol. 3720, pages 180–187.

[Wöhler, 2009] C. Wöhler 2009. 3D COMPUTER VISION : EFFICIENT METHODS AND APPLICATIONS (X.MEDIA.PUBLISHING). Springer, 1 edition.

[Wong et al., 2003] K.-W. Wong, K.-M. Lam et W.-C. Siu 2003. A Robust Scheme for Live Detection of Human Faces in Color Images. *Signal Processing : Image Communication*, vol. 18, n°2, pages 103–114.

[Wong et al., 2007] S.-F. Wong, T.-K. Kim et R. Cipolla 2007. Learning Motion Categories using both Semantic and Structural Information. *Proc. of the IEEE Conference on Computer Vision and Pattern Recognition (CVPR '07)*.

[Wren et al., 1997] C. R. Wren, A. Azarbayejani, T. Darrell et A. P. Pentland 1997. Pfinder : Real-Time Tracking of the Human Body. *IEEE Transactions on Pattern Analysis and Machine Intelligence*, vol. 19, n°7, pages 780–785.

[Wu et al., 2000] A. Wu, M. Shah et N. da Vitoria Lobo 2000. A Virtual 3D Blackboard : 3D Finger Tracking using a Single Camera. *AFGR00*, pages 536–543.

[Wu et al., 1996] H. Wu, T. Yokoyama, D. Pramadihanto et M. Yachida 1996. Face and Facial Feature Extraction from Color Image. *Proc. of the Second International Conference on Automatic Face and Gesture Recognition*, pages 345–350.

[Wu et Huang, 1999] Y. Wu et T. Huang 1999. Vision-Based Gesture Recognition : A Review. *Proc. of the International Gesture Workshop, GW'99*, pages 103–115.

[Wyszecki et Stiles, 1982] G. Wyszecki et W. Stiles 1982. COLOR SCIENCE : CONCEPTS AND METHODS, QUANTITATIVE DATA AND FORMULAS. Wiley.

[Xie et al., 2004] B. Xie, V. Ramesh et T. E. Boult 2004. Sudden Illumination Change Detection Using Order Consistency. *Image and Vision Computing*, vol. 22, n°2, pages 117–125.

[Yamato et al., 1992] J. Yamato, J. Ohya et K. Ishii 1992. Recognizing Human Action in Time-sequential Images Using Hidden Markov Model. *Proc. of the IEEE Computer*

Society Conference on Computer Vision and Pattern Recognition (CVPR '92), pages 379–385.

[Yang et Paindavoine, 2003] F. Yang et M. Paindavoine 2003. Implementation of an RBF Neural Network on Embedded Systems : Real-time Face Tracking and Identity Verification. *IEEE Transactions on Neural Networks*, vol. 14, n°5, pages 1162–1175.

[Yang et al., 1998] J. Yang, W. Lu et A. Waibel 1998. Skin-Color Modeling and Adaptation. *Third Asian Conference on Computer Vision - (ACCV '98)*, pages 687–694.

[Yang et al., 2002a] M. Yang, D. Kriegman et N. Ahuja 2002. Detecting Faces in Images : A Survey. *PAMI*, vol. 24, n°1, pages 34–58.

[Yang et Ahuja, 1998] M.-H. Yang et N. Ahuja 1998. Gaussian Mixture Model for Human Skin Color and its Applications in Image and Video Databases. M. M. Yeung, B.-L. Yeo et C. A. Bouman (eds.), *Proc. of the SPIE Conference Storage and Retrieval for Image and Video Databases*, vol. 3656, pages 458–466.

[Yang et al., 2002b] M.-H. Yang, N. Ahuja et M. Tabb 2002. Extraction of 2D Motion Trajectories and Its Application to Hand Gesture Recognition. *IEEE Trans. Pattern Anal. Mach. Intell.*, vol. 24, n°8, pages 1061–1074.

[Yesin et Nelson, 2004] K. B. Yesin et B. J. Nelson 2004. Robust CAD Model Based Visual Tracking for 3D Microassembly Using Image Space Potentials. *Proc. of the IEEE International Conference on Robotics and Automation (ICRA)*, pages 1868–1873.

[Yilmaz et al., 2006] A. Yilmaz, O. Javed et M. Shah 2006. Object tracking : A Survey. *ACM Computing Surveys*, vol. 38-44, n°4.

[Yilmaz et al., 2004] A. Yilmaz, X. Li et M. Shah 2004. Contour Based Object Tracking with Occlusion Handling in Video Acquired Using Mobile Cameras. *IEEE Transactions on Pattern Analysis and Machine Intelligence*, vol. 26, n°11, pages 1531–1536.

[Yilmaz et Shah, 2005] A. Yilmaz et M. Shah 2005. Actions Sketch : A Novel Action Representation. *IEEE Computer Society Conference on Computer Vision and Pattern Recognition*, vol. 1, pages 984–989.

[Yoo et Oh, 1999] T.-W. Yoo et I.-S. Oh 1999. A Fast Algorithm for Tracking Human Faces based on Chromatic Histograms. *Pattern Recognition Letters*, vol. 20, n°10, pages 967–978.

[Yoon et Kweon, 2006] K.-J. Yoon et I. S. Kweon 2006. Adaptive Support-Weight Approach for Correspondence Search. *IEEE Transactions on Pattern Analysis and Machine Intelligence*, vol. 28, pages 650–656.

[Young et al., 2001] R. A. Young, R. M. Lesperance et W. W. Meyer 2001. The Gaussian Derivative Model for Spatial-temporal Vision : I. Cortical model. *Spatial Vision*, vol. 14, pages 261–319.

[Zabih et Woodfill, 1994] R. Zabih et J. Woodfill 1994. Non-parametric Local Transforms for Computing Visual Correspondence. *Proc. of the third European conference on Computer Vision (ECCV'94)*, vol. 2, pages 151–158.

[Zarit et al., 1999] B. D. Zarit, B. J. Super et F. K. H. Quek 1999. Comparison of Five Color Models in Skin Pixel Classification. *Proc. of the International Workshop on Recognition, Analysis, and Tracking of Faces and Gestures in Real-Time Systems*, pages 58–63.

[Zhang et Kambhamettu, 2002] Y. Zhang et C. Kambhamettu 2002. 3D Head Tracking under Partial Occlusion. *Pattern Recognition*, vol. 35, n°7, pages 1545–1557.

[Zhang et al., 2010] Z. Zhang, T. Tan et K. Huang 2010. An Extended Grammar System for Learning and Recognizing Complex Visual Events. *IEEE Transactions on Pattern Analysis and Machine Intelligence*, , n°99, pages 1–16.

[Zhao et al., 2004] L.-H. Zhao, X.-L. Sun, J.-H. Liu et X.-H. Xu 2004. Face Detection Based on Skin Color. *Proc. of 2004 International Conference on Machine Learning and Cybernetics*, vol. 6, pages 3625–3628.

[Zhu et Chen, 2001] Q. Zhu et J. Chen 2001. A new Approach for Rotated Face Detection. *Proc. of the ninth ACM international conference on Multimedia*, pages 537–539.

[Zhu et Yuille, 1996] S. C. Zhu et A. Yuille 1996. Region Competition : Unifying Snakes, Region Growing, and Bayes/MDL for Multiband Image Segmentation. *IEEE Transactions on Pattern Analysis and Machine Intelligence*, vol. 18, pages 884–900.

[Zitnick et Kanade, 2000] C. L. Zitnick et T. Kanade 2000. A Cooperative Algorithm for Stereo Matching and Occlusion Detection. *IEEE Transactions on Pattern Analysis and Machine Intelligence*, vol. 22, pages 675–684.

[Zivkovic et Kröse, 2004] Z. Zivkovic et B. J. A. Kröse 2004. An EM-Like Algorithm for Color-Histogram-Based Object Tracking. *Proc. of the IEEE Conference on Computer Vision and Pattern Recognition (CVPR '04)*, pages 798–803.

SMART HOME : APPLICATION TO THE DETECTION OF MEDICATION INTAKE

The objective of this thesis is to propose a hierarchical approach for recognition of the medication intake for elderly people. By analyzing the complex activity of the medication intake we show that it consists of several activities, from low of high levels. So recognition is made from top to bottom, from primary activity to simple activity and then complex activity. In addition, a simple calibration model, using a stereo camera is proposed to estimate the depth of objects, for better handling of object occlusions. Consequently, the recognition of the medication intake is more accurate.

First of all, a background subtraction method is used to detect moving objects in the indoor environment. The segmentation of skin regions, and medication bottles is made using color information, by thresholding.

Secondly, by observing that the displacement of skin regions in two consecutive frames is small, we use the minimum distance of displacement to track the skin regions. The regions of hands are detected by exploiting the intensity contours. We detect the mouth by the AdaBoost method and the tracking of mouth is done using the Kalman filter and the ratio of colors R/G. The Kalman filter is also used for handling occlusions of regions of interest, between hand-face, and hand-hand.

Finally, for the recognition of the medication intake, a hierarchical approach is proposed, based on primary activities. By detecting the overlap between the regions of interest, we identify the primary activities. By exploiting the sequence of primary activities, we recognize simple activities, that are inputs for recognizing complex activities, which correspond to medication intake. The depth of occluded objects is estimated at the end to check the contact state between these objects, to recognize more precisely the activities.

Experience showed that our approach is more robust and flexible than prior works in the literature on this subject. It allows to recognize different scenarios of medication intake and can be applied to recognize other complex activities in general.

Key words: Videosurveillance, medication intake, activities recognition, detection and tracking.
Academic discipline: Computer Science.
Laboratory: LSIS - I&M Team.

VIDÉOSURVEILLANCE POUR APPARTEMENTS INTELLIGENTS : APPLICATION À LA
DÉTECTION DE PRISE DE MÉDICAMENTS

L'objectif de cette thèse est de proposer une approche hiérarchique pour la reconnais-sance de la prise de médicaments chez les personnes âgées. En effet, l'activité globale de la prise de médicaments se compose de plusieurs activités à différents niveaux de complexité. La reconnaissance est donc faite de bas en haut, de l'activité élémentaire à l'activité simple et ensuite à l'activité complexe. De plus, un modèle simple de calibration, utilisant une caméra stéréo, est proposé pour estimer la profondeur des objets, et ainsi mieux traiter l'occultation des objets. Par conséquent, la reconnaissance de la prise de médicaments est plus précise.

Premièrement, la méthode de soustraction du fond est utilisée pour détecter les objets mobiles, dans un environnement intérieur. La segmentation des régions de peau, et des flacons se fait ensuite en utilisant l'information de couleur par seuillage.

Deuxièmement, en observant que le déplacement des régions de peau dans deux trames consécutives est petit, nous utilisons la distance minimale de déplacement pour suivre les régions de peau. Les régions des mains sont détectées en exploitant l'intensité de contours. Nous détectons la bouche par la méthode AdaBoost et le suivi de bouche se fait en utilisant le filtre de Kalman et le ratio des couleurs R/G. Le filtre de Kalman est aussi utilisé pour le traitement d'occultation entre les régions d'intérêt main-visage, main-main.

Finalement, pour la reconnaissance de la prise de médicaments, une approche hiérar-chique est proposée, en commençant par les activités élémentaires. Sur la base du chevau-chement entre les régions d'intérêt, nous détectons les activités élémentaires. En exploitant la séquence des activités élémentaires, nous détectons les activités simples, celles-ci sont ensuite utilisées pour reconnaître des activités complexes, correspondant à la prise de mé-dicaments. La profondeur des objets occultés est estimée afin de vérifier l'état de contact entre ces objets, et reconnaître plus précisément les activités.

L'expérience montre que notre approche est plus robuste et souple que les travaux précé-dants sur le sujet. Elle permet de reconnaître des scénarios différents de prise de médicaments et peut être appliqué pour reconnaître d'autres activités complexes en général.

Mots clefs : Vidéosurveillance, prise de médicaments, reconnaissance d'activité, détection et suivi.
Discipline : Informatique.
Laboratoire : LSIS - Equipe I&M.